El Celular Biológico

Ciencia y Espiritualidad de la Interacción Consciente Efectiva con Dios

Para todos, crean o no crean en Dios

Relación energética entre el ser humano y el proceso ORIGEN

Juan Carlos Martino

El Celular Biológico.
Ciencia y Espiritualidad de la Interacción con Dios.
Relación Energética entre el ser humano y el proceso ORIGEN.
Versión 1.

Printed by Create Space.

DEDICATORIA

A quienes desean establecer y cultivar una interacción consciente y efectiva con el proceso ORIGEN del que provenimos y somos u- nidades inseparables de su estructura de interacciones por la que se sustenta su consciencia, la Consciencia Universal.

CONTENIDO

AGRADECIMIENTO

A Dios, dimensión Madre/Padre de la FUNCIÓN EXISTENCIAL CONSCIENTE DE SÍ MISMA, por haberme estimulado para reconocerle y guiado para "introducirme" en Él, en el proceso ORIGEN del que provenimos y en el que estamos inmersos.

Ser Humano
Unidad de la Consciencia Universal

¿Quién, que reconozca que los seres humanos somos un arreglo energético trinitario *alma-mente-cuerpo,* no desearía visualizar el alma, el componente eterno intangible, etéreo, de nuestra estructura que nos establece, define y sustenta como el proceso SER HUMANO que se reconoce a sí mismo?

¿Quién no desea visualizar la conexión energética real entre Dios y el ser humano, o entre el proceso ORIGEN y el proceso SER HUMANO?

Finalmente, podemos visualizar ambas cosas, y más, mucho más. Podemos "introducirnos" en el mismo proceso en el que estamos inmersos, y explorarlo cuánto deseemos. Pero más que nada, podemos establecer y cultivar una interacción íntima consciente efectiva con Dios, o con el proceso ORIGEN, para experimentar plenamente nuestra naturaleza creadora de potencial ilimitado desde, e independientemente de las circunstancias temporales en las que nos encontremos.

Tenemos en nuestro propio arreglo trinitario todos los componentes que necesitamos para interactuar con Dios o con el proceso ORIGEN. Vamos a "introducirnos" a nosotros mismos como un extraordinario *celular biológico, imagen y semejanza* del que provenimos. Por el mecanismo que sea que hemos llegado a la Tierra, Creación o evolución, o ambos, somos una "copia" del proceso del que provenimos. Ningún proceso existencial real tiene como resultado algo que no sea una imagen o un aspecto de la referencia que guía el proceso. Así, somos una pequeña estructura trinitaria que es una imagen de la TRINIDAD PRIMORDIAL sobre la que se sustentan las interacciones de la Consciencia Universal. Nos vamos a asomar a la fantástica relación energética que tenemos con Dios, con el proceso ORIGEN, y al protocolo de interacción íntima consciente efectiva con Él.

El cuerpo humano es una colosal estructura de proceso de información existencial que tiene inherentemente en sí mismo los arreglos propios de un sistema de intercomunicación primordial, de un sistema receptor y transmisor de señales en un sub-espectro primordial, en un sub-espectro mucho más allá del espectro de los cinco sentidos materiales; e incluye la estructura de control de su interacción con todo el universo, aunque esta capacidad natural se encuentra aún muy limitadamente desarrollada.

La piel del arreglo biológico, la membrana energética que contiene a la estructura de proceso SER HUMANO y que incluye los cinco sentidos materiales y el sentido de la percepción, es la antena del celular biológico.

La distribución del arreglo molecular de vida, del arreglo de las moléculas ADN en la membrana energética del cuerpo humano, es una estructura resonante absolutamente análoga, en otra escala energética, a nuestros sistemas resonantes con los que establecemos los diversos canales de comunicaciones en el sub-espectro electromagnético (ELM) de nuestras aplicaciones.

El ser humano todavía no se ha "descubierto" a sí mismo, no se ha reconocido adecuadamente en su extraordinaria capacidad real de interactuar conscientemente con el proceso ORIGEN del que proviene, en el que se halla inmerso, y del que es parte inseparable... eternamente, y por lo tanto, no puede manejar su capacidad de trascender a otra dimensión de realidad; mucho menos, aún, puede manejar su propia transferencia a otro entorno del universo, o del proceso existencial, por su sola voluntad.

Quedan invitados a comenzar a explorar el arreglo energético que permite y hace realidad nuestras fantásticas capacidades.

Membrana Universal de Interacción

Mariposa libando néctar de una flor de cactus

La flor es una membrana de interacción de la planta con los insectos, mientras que el arreglo de hojas es la membrana de interacción con el dominio energético "primordial" (atmósfera y luz). La interacción en ambos casos tiene lugar en diferentes sub-espectros de ondas de energía, tal como ocurre con la especie humana para interactuar con el dominio primordial, con el dominio que no se alcanza con los sentidos materiales (*vista, oído, olfato, gusto y tacto*) sino con la mente, en un sub-espectro que solo puede recibirse y emitirse por integración y modulación respectivamente, sobre la membrana energética humana (que es todo el arreglo energético biológico que converge hacia la piel).

Antena del Celular Biológico

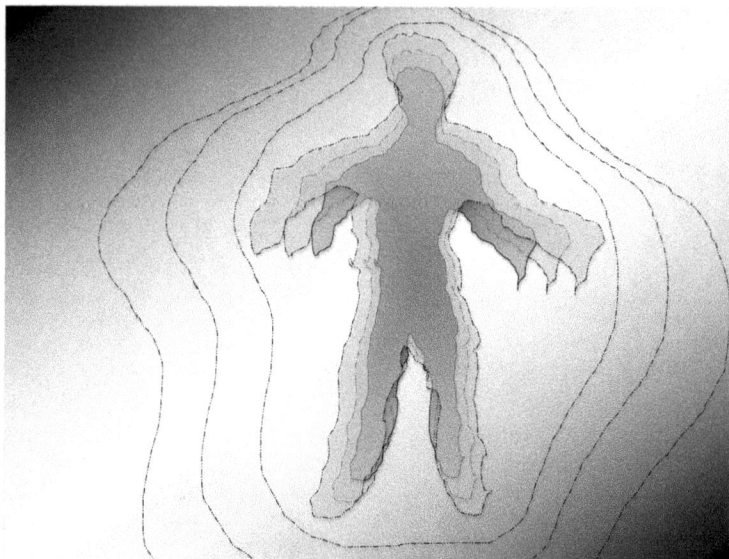

La piel del ser humano es una membrana universal, membrana de pulsación; una antena de interacción con el universo, con Dios.

Nos introduciremos al proceso SER HUMANO como un extraordinario *celular biológico,* y a su arreglo de control del estado de sentirse bien, nuestro estado primordial que depende de la interacción consciente con el proceso ORIGEN del que provenimos.

El estado de sentirse bien es el estado de referencia al que necesitamos regresar y permanecer para crear el camino para hacer realidad la experiencia de vida que deseamos o un propósito a partir de la circunstancia de vida en la que nos encontremos. Todos estamos familiarizados en alguna medida con los teléfonos celulares, lo que nos abre un camino para reconocernos y visualizarnos como el extraordinario intrumento biológico que somos para interactuar con el proceso ORIGEN del que provenimos.

Introducción

¿Quién no sueña, aunque sea por tan solo un instante, o a quién en algún momento de la vida no se le pasa por la mente el pensamiento de no sólo poder hablar sino interactuar con Dios, o con el universo?

¿Quién no lo hace?, particularmente cuando en alguna noche especial de romance, misticismo o nostalgias, de felicidad o de soledad y tristeza, se contempla el cielo y su siempre cautivante despliegue de estrellas; o cuando se ve, de repente, que un cometa cruza el cielo, o un asteroide entra en nuestra atmósfera, y quizás lo hacemos sin darnos cuenta de que, precisamente, ese pensamiento, ese deseo espontáneo, es una estimulación primordial que proviene de la fuente de todo lo que observamos y experimentamos... ¡que también es la fuente de nosotros mismos, de los observadores!

Los *pensamientos primordiales*, que se reciben en el alma y se toman como nuestros, estimulan a la *identidad cultural temporal* del individuo de la especie humana, y éste pone en marcha el proceso racional conforme a la emoción, a la experiencia que tiene frente al evento. La *identidad cultural temporal* del ser humano, identidad desarrollada en el ambiente social en el que fue dado a esta manifestación de vida, es quién decide qué hacer con el reconocimiento del *pensamiento primordial* que hace la *identidad primordial* en el alma. Qué hacer depende de la *emoción primordial* que es un aspecto de Dios, o del proceso ORIGEN, que también se modifica (o se modula) por la influencia cultural.

A la estructura energética que maneja esta interacción entre ambos terminales, proceso ORIGEN y proceso SER HUMANO, es a la que nos introduciremos en este libro.

¿Un celular biológico para interactuar con Dios? ¿Con el universo?

"¿Acaso es posible?"

No sólo es posible sino que ya lo hacemos permanente, constante, incesantemente, aunque esta interacción tiene lugar de manera casi totalmente inconsciente.

Nosotros, los seres humanos, somos un extraordinario celular biológico, y sin la interacción con Dios simplemente no podríamos ser Quienes somos ni disfrutar de ello o experimentar quienes deseamos ser; y mucho menos podríamos cambiar la realidad temporal en la que estamos manifestados o darle un propósito a la situación en la que nos hallamos.

"Yo no creo en Dios; entonces, ¿para qué querría explorarme a mí mismo como un celular biológico y tratar de comunicarme con Él?"

Que no creas en Dios no te separa del proceso ORIGEN del que todos provenimos. Nada puede separarnos, creas o no creas. No crees en la interpretación que prevalece en el mundo acerca de Dios como nuestro ORIGEN, pero Dios es el proceso por el que se sustenta todo lo que es, todo lo que existe, y por el que se genera todo lo que experimentamos. No puedes dejar de creer en un origen primordial, absoluto, del que provenimos por el mecanismo que sea, por Creación o por evolución, o por ambos; el mecanismo no importa por ahora. La especie humana es resultado de un proceso, no lo podemos negar, ¿verdad? Nosotros no nos hemos creado a nosotros mismos. No necesitas creer en el Dios que entiende el mundo sino reconocer íntima, profunda, individualmente, por ti mismo, que tenemos un origen primordial, y debes buscar establecer una relación consciente con él.

"¿Por qué debería hacerlo?"

Porque quieres disfrutar la vida y alcanzar lo mejor de ti, para ti y para quienes amas.

"¿Qué tiene que ver el proceso ORIGEN con esto?"

Tus atributos primordiales, la consciencia primordial de la que partes para generar tu identidad cultural, y la capacidad racional inherente a la estructura biológica con poder de creación de potential ilimitado para disfrutar tu consciencia de placer, provienen todos de alguna fuente de la que llevas su información, incluyendo del mecanismo energético por el que llegaste a esta manifestación temporal a través de la especie humana. Más aún, y más importante para ti en este momento, es que llevas en ti el protocolo para interactuar con ella, con la fuente, para lograr no solamente el propósito temporal que tú deseas, sino el primordial por el que estás en esta manifestación de vida y al que sólo tú reconoces y haces realidad por tu relación íntima con la fuente.

Antes de agregar la motivación fundamental, inenarguible e inespeculable, común para todos los seres humanos, crean o no crean en Dios, en la interpretación cultural de nuestro ORIGEN, es conveniente enfatizar como sigue lo que mencionamos en la última parte del párrafo previo.

Si bien es cierto de tú puedes hacer realidad el propósito de vida temporal que deseas sin creer en Dios, pues creer en ti es suficiente[a1], en cambio, sólo de tu reconocimiento del proceso ORIGEN del que provenimos todos, y de tu relación íntima con él, dependen que puedas reconocer y hacer realidad la mejor versión de ti mismo frente al proceso existencial, no frente al mundo, y que puedas reconocer y hacer realidad el propósito primordial que siendo común para todos los individuos de la especie humana (propósito al que luego veremos) es hecho realidad por una aproximación o experiencia particular para cada uno, por un camino que se "construye" y vive por cada uno en interacción con Dios.

Y ahora sí, a continuación, la motivación fundamental común para todos los seres humanos para establecer y cultivar la interacción consciente con Dios, con el proceso ORIGEN,

« *Sentirse bien permanentemente es el estado natural del ser humano* » Refs.(A).2 y (A).3, Libros 1, 2 y 3 .

Todo lo que hace el ser humano es para sentirse bien espiritual, mental y físicamente. No hay otro propósito[a2].

Alcanzar, o mejor dicho regresar a, y mantener el estado primordial de ser humano, de todos y cada uno de los individuos de la especie humana, el *estado de sentirse bien* en cualquier y todas las circunstancias de vida temporales, depende de la relación consciente establecida y cultivada con su Fuente.

El estado de sentirse bien es dado, extendido por la Fuente. El ser humano no crea el estado de sentirse bien sino que lo reconoce al ser sacado de él (por las razones que sean), y naturalmente es estimulado a regresar a él.

El estado de sentirse bien primordialmente es inherente al proceso existencial consciente de sí mismo, Dios; es el estado dado por las relaciones, las vinculaciones o asociaciones entre todos los componentes que conforman el proceso existencial, y las interacciones por las que se sustenta la Consciencia Universal.

¡ATENCIÓN!

El estado de sentirse bien es la consciencia primordial del ser humano desde la que parte para el desarrollo de su identidad cultural temporal[a2].

El desarrollo de la identidad cultural temporal de cada individuo de la especie tiene lugar inicialmente por inducción, es forzado por la enseñanza y cultivado por la interacción con los otros individuos del grupo social de la especie al que pertenece; y luego continúa por su voluntad, ya sea siguiendo las orientaciones y referencias de desarrollo cultural, o bus-

—
5

cando la interacción directa, íntima con la Fuente.

Sentirse bien es el estado natural que necesita el proceso que establece y define al ser humano para realizarse como creador de las experiencias de vida que busca experimentar para disfrutar de su consciencia de sí mismo, de la consciencia de placer, y de la capacidad de maravillarse frente al proceso existencial del que es parte inseparable,

«... y vio (Dios) que todo fue bueno ».

Todo lo que hace el ser humano es para disfrutar plena, permanentemente el proceso existencial y su función en él.

Para disfrutar plena y permanentemente, desde ahora y desde aquí, desde la Tierra, el ser humano necesita aprender, ahora y aquí, a controlar los parámetros de vida, del proceso existencial, que definen la realidad aparente en la que se encuentra manifestado al momento de reconocerse a sí mismo. Para cualquier y toda circunstancia de vida este control sólo lo alcanza en relación con la Fuente.

El proceso SER HUMANO como celular biológico.

Alcance de esta introducción.

Nuestro proceso racional es para establecer y llevar a cabo las acciones por las que buscamos sentirnos bien, y desde este estado natural poder reconocer o crear nuestros propósitos, tanto temporales como primordiales, y hacerlos realidad. Este proceso de regreso al estado primordial de sentirse bien y de búsqueda de nuevas experiencias, y sus creaciones, incluye la participación de la Fuente, particularmente para reconocer o crear propósitos frente a circunstancias extraordinarias, y por ello la exploración como un *celular biológico* de la estructura energética sobre la que tiene lugar y se sustenta nuestro proceso racional es fundamental porque nos abre las puertas a entender nuestra conexión energética real con el proceso del que somos partes o unidades inseparables. Más aún, esta descripción como una herramienta de intercomunicación con la que estamos muy familiarizados, el teléfono celular, nos facilita introducirnos a conceptos primordiales desde los que se derivan los conceptos que ahora empleamos en nuestro entorno material en relación a nuestras aplicaciones.

Sentirse bien es el estado de operación natural del *celular biológico*, de la estructura de interacción entre el ser humano y su proceso ORIGEN, y desde esta relación entre el estado de sentirse bien y el *celular biológico* es que partimos en la próxima sección. Insistiremos a menudo en este aspecto pues es el corazón de esta presentación, y es vital para nuestra realización como seres humanos si buscamos nuestra realización frente al proceso existencial, no frente al mundo. La importancia de esta relación se hace más evidente y motivante cuando vemos que nuestro *celular biológico* tiene una estructura energética y una función consciente de sí misma que ella sustenta que son a *imagen y semejanza* de la estructura y capacidades de la Fuente.

Nos reconoceremos adecuadamente como el proceso SER HUMANO, como un sub-proceso del proceso existencial, del proceso ORIGEN.

Nos introduciremos a la estructura de control universal de un proceso energético general cuya mejor aproximación es el arreglo de control de temperatura de una habitación (pues por una parte todos estamos familiarizados con esta aplicación natural en el cuerpo humano, y artificial en nuestros ambientes; y por otra parte el control de temperatura está energéticamente vinculado al estado primordial de sentirse bien no solo de las manifestaciones de vida sino al estado de reposo natural de todo lo que existe, todo lo que es, siendo el *estado de reposo* conceptualmente análogo, salvando la complejidad de las estructuras y procesos, al *estado de sentirse bien*).

Posteriormente iremos a la estructura de control del proceso SER HUMANO, a la estructura del celular biológico.

Revisaremos los diferentes componentes de esta estructura y cómo se vincula con la estructura de la que proviene y es parte inseparable. Veremos rápidamente que la estructura de control es inherente a toda manifestación existencial, ya sea material o de vida; tiene la misma configuración universal y solo cambia la complejidad del arreglo y de las variables que entran en juego. Incluso la estructura de control de las redistribuciones energéticas de la Tierra es análoga a la que veremos.

Luego veremos algunos aspectos de "uso" del celular biológico para la interacción consciente con Dios.

Entre otras cosas, veremos que sabemos muchas cosas; que tenemos abundante información de experiencias de otros que han alcanzado lo mismo que deseamos, pero nosotros no podemos. ¿Por qué? En casos, muchos o pocos, a pesar de poder alcanzar la información que necesitamos, no nos atrevemos a hacer realidad lo que deseamos. ¿Por qué? ¿Qué nos pasa? Y en otros casos no hacemos nada porque no sabemos cómo emplear la información disponible, cómo aplicarla en nuestro caso particular.

Pues bien,

- Porque no nos conocemos realmente a nosotros mismos cómo funcionamos;

- **Porque no conocemos nuestra propia estructura trinitaria sobre la que se sustenta el proceso que nos define a cada uno como una individualización del proceso ORIGEN, ni conocemos las interacciones entre sus componentes *alma-mente-cuerpo* por las que accesamos la estructura de Consciencia Universal, ni entendemos la armonía con el proceso ORIGEN por la que alcanzamos y traspasamos con la mente los límites de nuestro universo;**

—

8

- Porque a pesar de tener mucha información primordial nos cuesta creer y actuar conforme a ella porque no se nos ha explicado cómo relacionarla con lo que sentimos y experimentamos, ni cómo identificar los elementos de control y las interacciones dentro de nuestro propio arreglo de identidad y lo que perturba a ambos, al arreglo y a las interacciones entre sus componentes;
- Porque a menudo nos confundimos y no interpretamos adecuadamente nuestras propias indicaciones naturales que orientan lo que debiéramos hacer frente a lo que nos perturba;
- **Porque siendo un proceso, el proceso SER HUMANO, que sólo controlamos nuestro estado de sentirnos bien, sin embargo, no conocemos casi nada de procesos energéticos dentro de una estructura biológica, y mucho menos de desarrollo de nuestro propio arreglo de identidad a partir de un estado primordial en el que somos dados a la vida,**

es que estamos aquí, disponiéndonos a explorar nuestra trinidad, nuestro celular biológico con el que hasta ahora venimos interactuando inconscientemente con el proceso ORIGEN del que provenimos. Ahora podemos asumir conscientemente nuestra función en el proceso existencial ¡guiados por el mismo proceso en el que estamos inmersos y del que somos partes inseparables!, y para ello sólo tendremos que sintonizar nuestro celular biológico con el proceso ORIGEN, para lo cuál tenemos las orientaciones para hacerlo.

NOTA.

De ahora en adelante, Dios es el proceso existencial, el proceso ORIGEN del que provenimos, la Fuente, la Consciencia Universal, o incluso el universo para quienes creen que el universo es la Unidad Existencial [en realidad nuestro universo es el entorno temporal de la Unidad Existencial que alcanzamos desde la

Tierra[b]]. No obstante, a veces empleamos dos o tres descripciones para estimular un reconocimiento más amplio de Dios como el proceso ORIGEN; o nos referimos a Dios particularmente como el proceso ORIGEN para enfatizar en su aspecto energético. La enfatización puede resultarnos algo "incómoda" a veces, pero es realmente importante que se reoriente, o mejor dicho, que se expanda el reconocimiento de Dios por quienes creen en Dios como Creador, o del proceso UNIVERSO por quienes creen en una evolución como nuestro origen[c].

(a1)
Con Corazón de Niño, sección Creer en Ti, ref.(A).2, Apéndice.

(a2)
Con Corazón de Niño, sección Sentirse Bien,
El estado de sentirse bien, siendo el estado natural en el que se debe desenvolver el ser humano para poder hacer realidad la experiencia de vida o el cambio de realidad que desea, o para el reconocimiento o la creación de un propósito de vida bajo las circunstancias temporales en las que se encuentra manifestado, es cubierto con más detalles en esta referencia. Aquí sólo mencionamos los aspectos principales de este estado primordial ya que nuestro propósito es la estructura energética que sustenta el proceso SER HUMANO como un celular biológico.

(b)
Antes del Big Bang, ref.(A).1.

(c)
Dios, Consciencia Universal, consciencia de sí mismo del proceso existencial, referencia (B).(I).2, sección Bases del Modelo Cosmológico Unificado Científico-Teológico.

El Celular Biológico

Sentirse bien es el estado de operación natural del *celular biológico*, de la estructura de interacción entre el ser humano y su proceso ORIGEN.

El estado de operación natural del celular biológico es cuando está en armonía con Dios, con el proceso ORIGEN, o con el proceso UNIVERSO; no tiene importancia cómo se prefiera llamar a nuestra Fuente. Este estado de armonía es análogo a lo que en nuestros sistemas de comunicaciones llamamos estar en sintonía o en el mismo canal. Si queremos recibir información del canal de televisión Z, entonces debemos sintonizar nuestro equipo receptor en el canal de televisión Z. Del mismo modo, si queremos interactuar con la Consciencia Universal, con la dimensión Madre/Padre que estimula y orienta nuestros desarrollos de consciencia, entonces tenemos que estar en armonía con Ella/Él, en el mismo canal.

I

¿Quiénes Somos?

Debemos reconocernos como partes o unidades de un proceso
ORIGEN, primordial; de una fuente absoluta.

No podemos reconocernos adecuadamente en ninguno de los
tres aspectos que nos definen (física, mental y espiritual) si no lo
hacemos en relación con el proceso del que provenimos, y no importa por ahora cuál sea el mecanismo por el que provenimos, si
es por una creación, por evolución, o por ambos. ¿Por qué no podemos reconocernos adecuadamente? Porque la información del
proceso del que provenimos es parte de lo que nos establece y
define como seres humanos, como el proceso SER HUMANO inseparable de su proceso ORIGEN, e inseparable del proceso U-
NIVERSO (que es parte temporal del proceso ORIGEN), pues todo proceso existencial real resulta en una imagen de su referencia o de un aspecto de la referencia del proceso [Ref.(A).1].

Por lo tanto,

**Aquí no hablamos de reconocernos como las recreacio-
nes de Dios conforme a las limitadas y condicionadas interpretaciones culturales religiosas prevalentes en nuestra civilización, en nuestro modelo de asociación de la especie humana en la Tierra, sino como partes del proceso existencial
consciente de sí mismo establecido y sustentado en la Unidad Existencial, absoluta. O, si no podemos todavía expan-
dernos mentalmente fuera de nuestro universo, hablamos de
reconocernos como partes de nuestro universo, del proceso
UNIVERSO consciente de sí mismo, aunque éste, a su vez, es
parte de la entidad absoluta a la que hoy podemos llegar a
través de la mente; y su consciencia, la Consciencia Universal de la que es parte la especie humana, es un sub-espectro**

de la Consciencia Primordial de la Unidad Existencial.

El proceso UNIVERSO proviene de una presencia y un proceso que le precede *("nada se crea de la nada")*, y el cuerpo del ser humano, no su alma, resulta de un proceso de evolución en el universo.

Esta relación y el mecanismo por el que tiene lugar está a nuestro alcance.

No podemos negar lo innegable, ni dejar de tener en cuenta nuestra vinculación íntima con los procesos ORIGEN y U-NIVERSO[Ref.(A).1].

Los seres humanos somos un proceso de interacciones entre constelaciones de información y experiencias de vida que se hace consciente de sí mismo. Estas interacciones tienen lugar en un arreglo energético particular de la estructura biológica, del cuerpo humano; en el arreglo que conforman la estructura de identidad del proceso de interacciones que se hace consciente de sí mismo. Estas interacciones se energizan, se sustentan, a su vez, por un proceso de intercambio energético que tiene lugar en toda la estructura biológica.

Vamos a destacar algunos aspectos fundamentales del proceso SER HUMANO, y luego mencionar algunos otros que podemos revisar en la referencia que es insistentemente mencionada.

Como proceso SER HUMANO consciente de sí mismo, somos, todos y cada uno de los individuos de la especie humana, una unidad, un sub-proceso o una componente inseparable de la FUNCIÓN EXISTENCIAL que sustenta la Consciencia Universal, el reconocimiento con entendimiento de sí mismo del proceso existencial, de Dios.

Más específicamente.

La consciencia de sí mismo del proceso existencial sustentado en la Unidad Existencial, en el Universo Absoluto, es la Consciencia Primordial.

La Consciencia Universal es la dimensión de la Consciencia Primordial que corresponde a nuestro universo, a un entorno temporal de la Unidad Existencial.

La especie humana es un sub-espectro de la Consciencia Universal, y la consciencia individual es un sub-sub-espectro o un "canal" de la consciencia de la especie.

Veamos una analogía en nuestros sistemas de comunicaciones en el espectro electromagnético (ELM).

Todos las estaciones de radio de *frecuencia modulada* (FM) están dentro de un sub-espectro o banda de frecuencias entre 88 y 108 Mhz (megahertz), y cada estación, cada "canal", tiene un ancho de banda o un sub-espectro de 200 Khz.

Así, el sub-espectro o ancho de banda [88-108 Mhz] es el ancho de banda de la "especie" FM, y cada canal de 200 Khz dentro de él es el canal de cada "individuo", de cada estación de la "especie" FM.

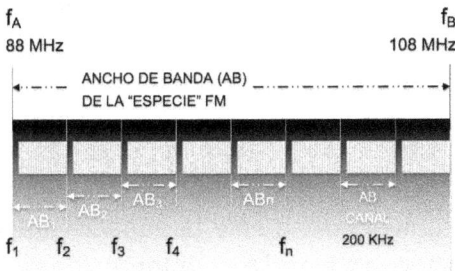

¿Es muy compleja la señal humana?

Lo es, pero no importa ahora. Sólo es necesario visualizar cómo interactúan las *componentes portadoras* de la función SER HUMANO, y sus cinco sub-componentes fundamentales que luego veremos, lo que nos simplifica enormemente el seguimiento de las interacciones que tienen lugar en el arreglo de identidad del proceso SER HUMANO. (Sobre la *componente portadora* se define el estado de sentirse bien, y las cinco componentes tienen relación directa con los estados emocionales primordiales. *Componente portadora* es la onda energética que tiene sobre ella toda la información que define la identidad de esa portadora).

La "señal humana" es un estado de vibración, de pulsación de todo el arreglo biológico, al igual que las señales de radio o de televisión que son estados de vibración de una estructura resonante, y que llevan en ellas toda la información que se desea transmitir. El cuerpo humano es una colosal estructura resonante, vibrante, pulsante.

El arreglo energético que establece y sustenta el proceso SER HUMANO es una trinidad, una estructura en tres dimensiones de asociaciones de arreglos de vida, que es parte de la TRINIDAD PRIMORDIAL del proceso existencial, del proceso UNIVERSO, de Dios. La TRINIDAD PRIMORDIAL es la que la teología cristiana reconoce como Padre, Hijo y Espíritu Santo. Energéticamente, sobre esta estructura se encuentra el arreglo de control de evolución de la Unidad Existencial y de nuestro universo[Ref.(A).1]. Luego nos introduciremos a una analogía de la trinidad energética.

Somos ambos, Dios y la especie humana, componentes inseparables de la Consciencia Universal.

Dios y la especie humana universal, no sólo la especie presente en la Tierra, conforman la unidad binaria de interacciones que sustenta la Consciencia Universal. Unidad binaria significa que se requieren dos componentes para definir la unidad (un átomo es una entidad binaria, o una unidad energética binaria; se define por un núcleo y sus electrones).

No hay Dios sin especie humana, ni hay especie humana sin Dios. Dios y especie humana son dos dimensiones de la única estructura de Consciencia Universal (de naturaleza binaria).

Dios es la dimensión de la Consciencia Universal hacia la que evoluciona la especie humana, individuo a individuo.

Como ya se dijo, el proceso SER HUMANO es un proceso de interacciones entre constelaciones de información y experiencias de vida que tiene lugar en una estructura energética trinitaria que es a imagen y semejanza de la estructura TRINIDAD PRIMOR-DIAL. Los componentes de la trinidad, sea la nuestra o la primordial, son *alma, mente y cuerpo.* Dios tiene *alma, mente y cuerpo,* y nuestra trinidad es un sub-espectro de la TRINIDAD PRIMOR-DIAL.

La TRINIDAD PRIMORDIAL es una unidad binaria; es un juego de dos trinidades: una trinidad en una dimensión energética, la de la Madre/Padre, y otra trinidad en otra dimensión, la del Hijo; y ambas interactúan frente a una referencia, el Espíritu de Vida.

La referencia, el Espíritu de Vida, tiene todas las relaciones causa y efecto que establecen y definen al proceso existencial; y rige el proceso de sus continuas y absolutamente incesantes re-creaciones de sí mismo a través de las interacciones entre Madre/Padre e Hijo [Ref.(A).1].

"¿Cuánto necesito saber?"

Depende de adonde quieras llegar en tu exploración.

¿Deseas conocer a Dios, entenderle, entender el proceso existencial, el proceso UNIVERSO, por qué el mundo es como es y por qué el ser humano hace lo que hace siendo eterno, divino, y recreación a imagen y semejanza de Dios?

Puedes comenzar por ti mismo estimulado por las referencias disponibles. Ver Apéndice.

¿O sólo deseas hacerte co-creador junto a ÉL de la experiencia de vida que deseas, compañero del Juego de la Vida?

Es lo que veremos luego, en la parte final de esta presentación.

II

Dios

Proceso Existencial Consciente de Sí Mismo

¿Quién es Dios?

Muchas veces pedimos que se nos explique, como para un niño de cinco años, Quién es Dios.

Pues, la respuesta más simple es la correcta.

Dios es nuestro origen, la Fuente de todo lo que observamos y experimentamos.

Muchos desean realmente entender a Dios, interactuar conscientemente con Él, sin embargo, por una parte no todos escuchan con el corazón abierto de un niño de cinco años, y por otra parte, aún reconociendo que somos seres en evolución y que como tales debemos, y se espera que lo hagamos, el revisar nuestras referencias de desarrollo y entre ellas lo que creemos, no lo hacemos. No aceptamos revisar lo que creemos, ni siquiera frente a nuestros sentimientos, por temor. Sí, nos resistimos a revisar lo que creemos sólo por un temor al que no reconocemos como tal y que afecta nuestro arreglo de identidad cultural, como veremos luego; efecto por el que no terminamos de reconocer a Dios, menos conocerle lo necesario para establecer y cultivar una interacción consciente con Él, una interacción efectiva, real, de dos vías. Si realmente creemos en Dios, revisar lo que creemos es una oportunidad para confirmar las bases de lo que creemos, pues no debemos olvidar que creer es una decisión racional que sigue a un reconocimiento que le precede, y frente a esto la pregunta es: ¿reconocemos íntimamente a Dios, o hemos aceptado una versión cultural? Cada uno debe responderse a sí mismo, en su intimidad, y debe mostrar por su vivencia el Dios que alcanza, y ese Dios es el Dios Absoluto si extiende a los demás todo lo que desea de Dios para sí mismo; si extiende a los demás el amor que desea para sí mismo desde Dios.

Entonces, ya como adultos, como seres con plena identidad propia, no podemos aceptar la explicación para un niño, pues a un niño le limitamos la explicación porque él no tiene todavía pleno desarrollo de su capacidad inherente para diferenciar entre creer en Dios o reconocer a Dios por sí mismo. *Sin embargo, lo que sí debemos mantener siempre de un niño de cinco años es su corazón abierto, para no cerrar las puertas a ninguna opción de entre todas por las que finalmente alcanzamos la que es Verdad.*

Dios es la Fuente, es la Unidad Existencial, o el universo para quienes no pueden visualizar al universo como parte de la Unidad Existencial. Ver la Figura I; nuestro universo es la hiper galaxia Alfa [Ref.(A).1].

¿Por qué nos cuesta visualizar a Dios como la Unidad Existencial, o el universo, si somos partes inseparables de Él?

Somos unidades de inteligencia de la Consciencia Universal, de Dios; es verdad. Pero también somos unidades de consciencia de la consciencia colectiva de la especie humana en la Tierra, y no nos resulta nada fácil dejar nuestras relaciones causa y efecto y creencias cultivadas bajo la inducción de la consciencia colectiva por la que desarrollamos nuestra identidad cultural temporal desde niños.

Entonces, si queremos realmente reconocer a Dios y comenzar una relación interactiva efectiva consciente con Él, tenemos que hacernos libres de las referencias y las preconcepciones del mundo, de la sociedad de la especie humana a la que pertenecemos.

Veamos la siguiente revisión para aquéllos que desean "saltar" a otra dimensión de exploración y reconocimiento de Dios; cosa que encanta a Dios, dicho sea de paso, pues es una buena oportunidad que sin tomarlo así le ofrecemos a Dios para interactuar con nosotros.

Sea que creamos en Dios como Creador, o como una Presencia Inteligente Consciente que rige el universo y todo lo que existe, tenemos la tendencia a personificar a Dios de alguna manera, y de "humanizarlo", de atribuírle características humanas.

Esto es porque somos nuestra propia referencia, y nos resulta algo difícil ver al universo como una forma de vida primordial, como una entidad absoluta consciente de sí misma.

Frente al universo somos para él como una célula de nuestro cuerpo lo es para nosotros; una célula que no alcanza a imaginar dónde está inmersa ella misma, y menos acerca del proceso del que es parte inseparable. Sí, es inseparable, pues si ella desaparece otra célula la reemplaza. **La presencia de esa célula puede desaparecer como arreglo físico en una dimensión energética, pero no la función que cumple y que debe ser sustituída para conservar la unidad funcional, o incorporada por otra entidad.** (No obstante, hay quienes pierden permanentemente una parte del cuerpo, como piernas y, o brazos, un riñón o un pulmón, pero <u>su función es asumida por otro arreglo o una redistribución en la trinidad</u> *alma-mente-cuerpo*).

En parte, Dios mismo, proceso ORIGEN del que provenimos, es responsable por esa tendencia general a personificarle, porque Dios nos estimula y responde conforme a la consciencia desarrollada. Si creemos en Dios como nuestro Origen y lo relacionamos con quién nos haya orientado hacia Él, y ya estamos listos para "saltar" a otro nivel de consciencia de Él, probablemente nos estimule incluso a través de una imagen humana que lo "representa" sólo para motivar, para "llamar" al receptor de su estimulación.

Pues bien, la realidad del mecanismo de estimulación de Dios es un poco más elaborada.

Es nuestra mente la que le asigna una imagen humana a una manifestación de Dios.

No vamos a entrar en detalles aquí.

El mecanismo de estimulación de Dios es algo que podemos explorar en detalle en la referencia (A).3, Libro 1, Apéndice.

Aquí nos interesa reconocer y relacionarnos con Dios, con la Unidad Existencial, Todo Lo Que es, Todo Lo Que Existe; con la fuente de todo lo que se experimenta en nuestro dominio material temporal del proceso existencial.

Dios es la Fuente Absoluta Consciente de Sí Misma.

La consciencia de la Fuente es la Consciencia Primordial; es la que tiene la Realidad Absoluta del proceso existencial que se establece y sustenta dentro de la Unidad Existencial.

La Consciencia Universal es una dimensión de la Consciencia Primordial; es nuestra fuente de consciencia de todo lo que experimentamos; es la *consciencia fuente* que alcanzamos a través del proceso racional que es parte de la mente universal. Nosotros, los seres humanos, no somos conscientes por sí mismos sino partes o unidades de consciencia de la Consciencia Universal.

Si deseamos tener una analogía de la *mente del proceso existencial* tenemos que recurrir a nuestros sistemas de comunicaciones. La mente de la especie humana es un "canal", un sub-espectro de la mente universal, de la mente de Dios [Ref.(A).1].

Si no se creyera en Dios como Fuente, proceso ORIGEN, entonces,

¿Quién es nuestro origen?

¿De donde vienen nuestros atributos?

Nosotros no creamos inteligencia, capacidad racional ni consciencia, sino que las desarrollamos a partir de un nivel que nos es

---

21

dado por el proceso del que provenimos.

El nivel de consciencia primordial del ser humano con el que somos dados a la vida es el *estado de sentirse bien*. El estado de sentirse bien es el estado natural con el que son dadas a la vida todas las manifestaciones de vida, aunque no sean conscientes de sí mismas.

Tenemos que reconocer nuestro origen, el proceso ORIGEN del que provenimos, no importa el nombre que le demos, Dios, Fuente, Consciencia Universal, Inteligencia de Vida, Espíritu de Vida, Fuerzas Naturales, Universo, ni importa el mecanismo por el que provenimos, creación o evolución, pues mientras no lo hagamos no resolveremos nuestra inquietud fundamental de sentirnos bien frente a cualquier y toda circunstancia de vida.

Necesitamos reconocer y establecer una relación consciente con nuestro ORIGEN, Dios pues constituímos una Unidad Binaria de Consciencia: Dios y la Especie Humana Universal (no solo la de la Tierra) somos los dos componentes inseparables por los que se sustenta la Consciencia Universal.

Dios y la Especie Humana Universal conforman un sistema de interacciones armónicas.

Armonía es la característica de las interacciones por las que se sustenta la Unidad Existencial y su Consciencia de Sí Misma [Ref. (A).1].

¡ATENCIÓN!

Quienes creen sólo en una evolución se olvidan que ningún proceso puede generar inteligencia consciente de sí misma, sino a partir de una referencia que ya lo sea. Ciencia y Teología saben de este Principio de Exclusividad Mutua entre la Inteligencia Consciente y No-Consciente. No hay inteligencia no consciente, sino niveles de consciencia, de reconocimiento con entendimiento de la Unidad Consciente Absoluta.

Nuestro universo está inmerso en la Unidad Existencial.

Así como personificar humanamente a Dios es incorrecto, asignarle una naturaleza inmaterial es también erróneo, es resultado de una concepción limitada de la Realidad Absoluta.

Es entendible nuestra limitación pues estamos en un proceso de evolución hacia esa Realidad, pero podemos crecer y superar esa limitación, y se espera que lo hagamos pues estamos "diseñados" naturalmente para eso, si nos atrevemos a dejar de depender de las versiones del mundo, ya sean de la comunidad científica o la teológica.

Dejar de depender de la ciencia y la teología no significa rechazar estas disciplinas del proceso racional, sino crecer a partir de sus referencias y orientaciones.

Podemos formular la siguiente pregunta a Teología (en realidad es una pregunta a nosotros mismos situándonos en la disciplina racional que definimos como teología).

Si somos la _recreación a imagen y semejanza de Dios_, con Sus mismos atributos, divinos y con capacidad racional y mente con poder de creación de potencial ilimitado,

¿cómo podríamos serlo si no tuviéramos la misma naturaleza energética, si no estuviéramos hechos ambos, Dios y el ser humano, del mismo "polvo de estrellas", como Dios mismo nos lo dice y que se acepta implícita, mayoritariamente, en la expresión _"Del polvo venimos y al polvo regresamos"_?

Dios es energía, es lo que se cree que sea su naturaleza, pero energía es un efecto de la sustancia primordial [detalladamente cubierto en la referencia (A).1, Apéndice].

De manera que Dios, la Consciencia del proceso existencial, es el resultado de un extraordinario proceso de intercambios energéticos entre el infinito (por inmensurable) manto de sustancia primordial y sus asociaciones, las estructuras energéticas, todas, de la Unidad Existencial de la que nuestro universo es parte.

« Estás en Mi Vientre ».

El manto de sustancia primordial es el *fluído primordial*; es el "líquido amniótico" primordial en el que estamos inmersos todos los seres humanos y todo lo que es, todo lo que existe.

Las asociaciones de la sustancia primordial es la materia, es la materia prima, nuestra materia prima en este nivel del proceso existencial; pero la sustancia primordial de la que resulta nuestra materia es la misma y única sustancia que la del nivel de Dios. La sustancia primordial es eso, es la sustancia a nivel absoluto, sin asociaciones, nada más, o con asociaciones que no alcanzamos con los sentidos materiales ni con la instrumentación, sino por su integración o suma, por su asociación en el tiempo.

Dios es simplemente el nivel de la Consciencia Universal hacia la que evolucionamos sus unidades en desarrollo de esta dimensión energética de la Unidad Existencial.

La relación energética y funcional entre Dios y la especie humana se lleva a cabo análogamente, obviamente que a otra escala de complejidad funcional, a lo que tiene lugar en nuestro cuerpo, en el que un agente molecular o celular se origina en una entidad del cuerpo, y va a integrarse, a hacerse parte de otra entidad en el cuerpo, o parte de la función que tiene lugar en esa otra entidad biológica.

Si manejáramos mejor el concepto de ondas espaciales y de las hebras energéticas, de las hebras que se forman por la pulsación del manto energético en la misma dirección y en fase entre sí (hebras que se forman en un dominio no visible), no tendríamos dificultad en entender rápidamente esta vinculación entre los diferentes niveles de la estructura de interacciones que componen y sustentan Consciencia Universal. En nuestro cuerpo, los componentes móviles se desplazan hacia donde deben ir por los flujos corporales, y reconocen sus destinos por sus estados de vibra-

ción o pulsación, de ambos, de las entidades receptora y donante
Ref.(A).1

.

Dios tiene una estructura energética trinitaria.

Es la trinidad Primordial que la Teología Cristiana reconoce como *Padre (Mente), Hijo (Cuerpo) y Espíritu Santo (Alma).*

¡ATENCIÓN!

Si se desea puede verse antes una introducción a la Trinidad Energética en la sección IV y la Figura III(A); visitar la Figura II, Dios-Ser Humano (página 31); y las Figuras V y VI (antes de la sección VII, Estructura de Control Universal).

Dios tiene cuerpo.

Es toda la sustancia natural, primordial, de la que todo se genera y recrea, cuyas asociaciones originan la materia desde partículas primordiales, pasando por los electrones y átomos, moléculas de vida, hasta las galaxias y sus constelaciones. El cuerpo de Dios es la Forma de Vida Primordial; es el de la Figura I, de la que nuestro universo es un entorno temporal (es la hiper galaxia Alfa allí indicada).

Dios tiene alma.

Es la estructura primordial que rige el proceso de inducción energética (que da lugar a la evolución universal) y estimula las interacciones que sustentan la Consciencia Universal. Así como nosotros tenemos un arreglo primordial de moléculas de vida, de moléculas ADN sobre el que se desarrolla nuestro cuerpo, así tiene lugar también en el cuerpo de Dios, a otra escala energética, a partir de esa misma, única estructura primordial a la que ahora podemos llegar con la mente.

Dios tiene mente.

Es la *mente universal*, es la intermodulación del manto energético universal que se hace consciente de sí mismo; es el "entretejido" de la red espacio-tiempo del manto energético universal.

Como Consciencia Universal del proceso fuente de Todo Lo
Que Es, Todo Lo Que Existe, Dios se extiende a Sí Mismo a Todo
Lo Que Es, Todo Lo Que Existe; <u>eso es amor incondicional, irres-
tricto</u>. Lo hace a través de la pulsación universal, de la pulsación
de la Forma de Vida Primordial que se transfiere por el manto de
fluído primordial, por la red espacio-tiempo de nuestro universo[Ref. (B).(I).2]

Dios es Perfecto.
Sólo hay un proceso existencial consciente de sí mismo que se
sustenta eternamente a sí mismo por los procesos de re-energización y de recreación de sí mismo, y de re-estimulación por sí
mismo.
La eternidad ha sido reconocida por Ciencia y por Teología.
Una introducción (al alcance de todos) al mecanismo por el
que tienen lugar los procesos de re-energización de la Forma de
Vida Primordial y la recreación de las manifestaciones de vida, de
las unidades de consciencia, se presenta en la referencia (A).1.

El ser humano es perfecto.
Lo que hace perfecto al ser humano, a todos y cada uno, es su
"lugar" en la Consciencia Universal; es su naturaleza como un aspecto único del proceso existencial que tiene lugar dentro de la
Unidad Existencial; es su particularidad como una individualización única de Dios, con un aspecto único de Dios; es su función
particular en el proceso de conscientización universal.
Se toma al ser humano como imperfecto por sus errores que
son propios de una individualización del proceso existencial que
se halla en proceso de evolución, en proceso de integración a la
estructura de Consciencia Universal.

La estructura trinitaria del ser humano es parte de la de Dios.

El arreglo trinitario *alma-mente-cuerpo* del ser humano *es* parte o sub-espectro de la Estructura Trinitaria Primordial de Dios; por lo tanto, es más fácil llegar a reconocer y entender las interacciones entre las mentes de Dios, la del ser humano, y las de las estructuras intermedias o espíritus que co-existen temporalmente frente a la eterna, al revisar la estructura del universo que tiene un arreglo análogo al de la Unidad Existencial, Dios, que se hace más visualizable por sus dimensiones [Refs.(A).1 y (B).(I).2].

Más adelante, sección IV, veremos una introducción a la trinidad energética y su analogía en la estructura del átomo, Figura III(A).

Todos tenemos un Dios o un dios.

Cuando sabemos que el resultado de un proceso existencial (al que ya veremos) es una imagen de la referencia por la que se rige el proceso, entonces si nuestro mayor interés de vida, nuestro mayor esfuerzo se dedica a algo en particular, ese algo es nuestro propósito y también es la referencia; es nuestro dios.

En cambio, Dios es la referencia del proceso de conscientización. Dios es la Consciencia Universal hacia la que evoluciona la identidad cultural temporal que se reconoce a sí misma. Veremos esta referencia en la sección Control del proceso SER HUMANO y en las Figuras V y VI.

Siguen un par de ilustraciones, Forma de Vida Primordial, y la Unidad Binaria de la estructura de interacciones que sustenta la Consciencia Universal [Dios-Ser Humano][Refs.(A).1 y (A).2 Libros 1, 2 y 3].

Unidad Existencial

Forma de Vida Primordial

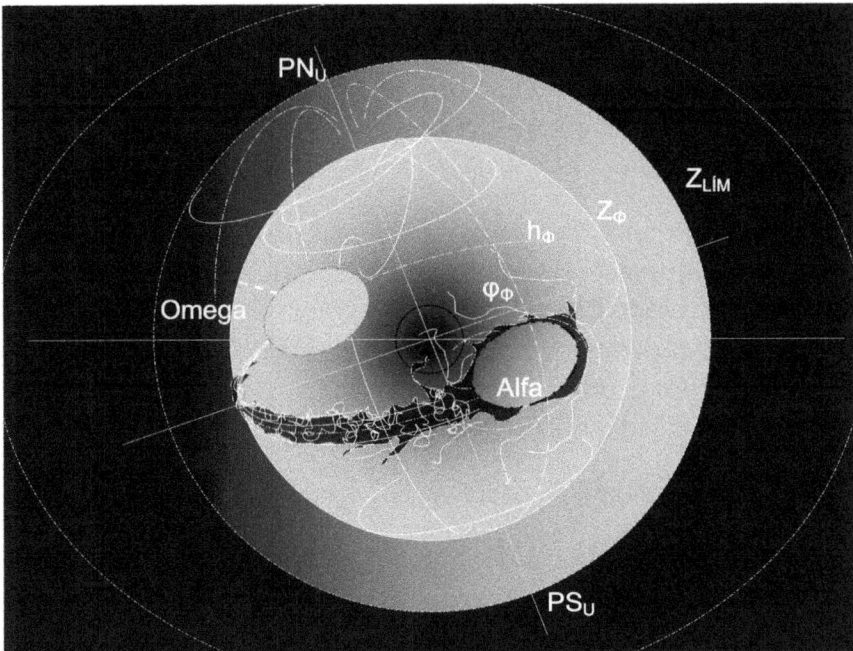

Figura I.
El Universo Absoluto, Unidad Existencial, es descripta energética y funcionalmente por el *Modelo Cosmológico Consolidado Científico-Teológico*, mientras que el Modelo Cosmológico Standard de la NASA solo describe nuestro universo, la hiper constelación Alfa en esta ilustración, que es componente del sistema binario Alfa y Omega de la Unidad Existencial.

Las dos hiper galaxias Alfa y Omega son dos "continentes" inmersos en el "océano" o manto *de fluído primordial*.

El Origen Absoluto de Todo Lo Que Es, Todo Lo Que Existe, de Dios, de la Fuente de todo lo que observamos y experimentamos, es una presencia eterna.
Referencia (A).1, Apéndice.

"Nada puede ser creado de la nada".

Jamás hubo un Creador de Dios, de la Fuente.

Jamás hubo un Creador Absoluto de Todo Lo Que Es, Todo Lo Que Existe.

Jamás hubo un Creador de la Especie Humana Primordial, a menos que llamemos Creador al proceso que permite que en un ambiente adecuado podamos ser transferidos desde otro entorno de la Unidad Existencial, cosa que primero ocurre inconsciente, involuntariamente, como parte del proceso de recreación de sí misma de la Consciencia Primordial, y luego por nuestra voluntad.

La Forma de Vida Primordial es el cuerpo de DIOS.

DIOS es la consciencia de sí misma de la FUENTE, de la Unidad Existencial.

Dios es el nivel de consciencia de la FUENTE a nivel de nuestro universo; o en otras palabras, Dios es la Consciencia Universal, la consciencia de sí mismo de nuestro universo, un sub-espectro de la consciencia de DIOS, mientras que la especie humana es un sub-espectro de la Consciencia Universal.

Unidad Binaria Absoluta

Dios-Ser Humano

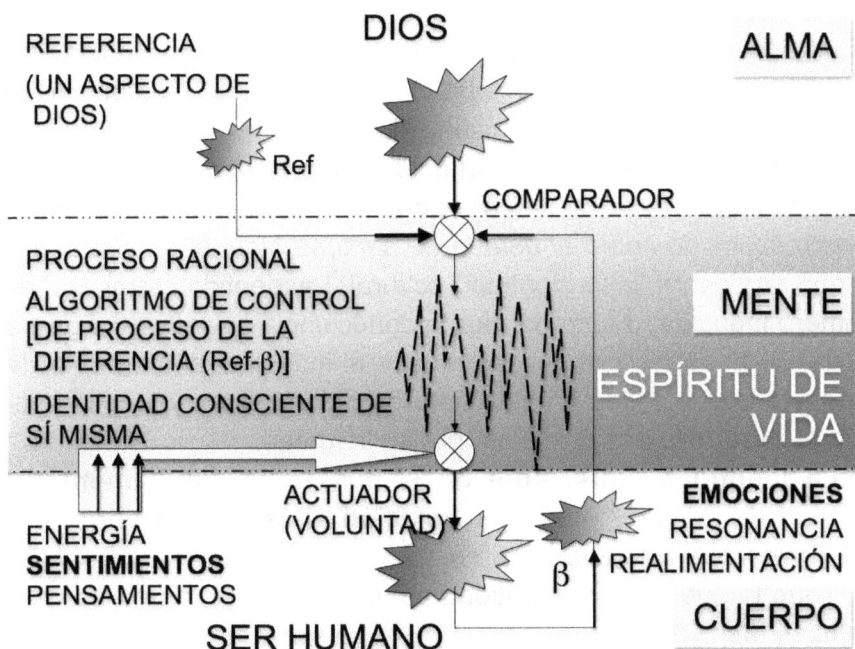

Figura II.

La especie humana es un proceso consciente de sí mismo que es parte inseparable de DIOS, de la FUNCIÓN EXISTENCIAL Consciente de Sí Misma a cuya estructura energética, TRINIDAD PRIMORDIAL sobre la que se sustenta, finalmente podemos introducirnos[Ref. (A).1].

Dios y la especie humana conforman una entidad binaria inseparable[a]. No hay Dios sin especie humana; no hay especie humana sin Dios. "Somos UNO".

La Consciencia Universal se sustenta por la interacción entre Dios y la especie humana, aunque los individuos de la especie humana no sean inicialmente conscientes de ello.

El ser humano, el individuo de la especie humana, es un proceso racional, un proceso de establecimiento de relaciones causa y efecto que define la identidad cultural temporal del individuo y por la que alcanza un sub-espectro de la Consciencia Universal, Dios, una dimensión en nuestro universo de la Consciencia Primordial que se establece y sustenta en la Unidad Existencial. El nivel elemental de reconocimiento de sí misma con el que la especie humana es dada a la manifestación temporal (en nuestro caso es en la Tierra) es la *consciencia primordial a la que ya hemos reconocido como el estado de sentirse bien*, el estado sobre el que se desarrolla la identidad cultural. La identidad temporal es primero inducida, o forzada, por la consciencia colectiva del grupo social de la especie al que pertenece el individuo al momento de salir a la luz, a la vida en este entorno del universo; y luego continúa el desarrollo por sí mismo, por su voluntad.

La identidad consciente de sí misma es simplemente el arreglo de causa y efecto en relación al *estado de consciencia primordial de sentirse bien*.

Todo lo que hace la identidad consciente de sí misma es para sentirse bien.

El reto para el ser humano para el Juego de la Vida es hacerlo en armonía con el proceso del que provenimos, con lo que cesan las experiencias de sufrimientos e infelicidades, aunque no necesariamente cesan las circunstancias de vida que siempre pondrán a prueba nuestro reconocimiento y poder de creación para mantenerse bien en cualquier y toda circunstancia de vida.

(a)
Una entidad binaria es definida por dos componentes. Por ejemplo, un átomo, definido por un núcleo y electrones.

III

Manifestaciones Existenciales

Una breve introducción a su naturaleza binaria

Estas secciones, desde ésta y hasta la de Control del Proceso SER HUMANO inclusive, pueden lucir como secciones más propias de un libro de introducción a Teoría de Control, pero realmente necesitamos estas bases que se presentan al alcance de todos, con analogías simples. Al fin y al cabo, estamos tratando de conocer nuestra propia estructura trinitaria y el control inherente a ella, para asumir plenamente el control de nuestro estado primordial de sentirnos bien del que depende la efectividad de nuestra capacidad creadora, y para conocernos como *celular biológico* por el que podemos interactuar consciente y efectivamente con Dios, y visualizar nuestra vinculación energética real con la estructura de la TRINIDAD PRIMORDIAL de Dios de la que somos un sub-espectro.

Todo objeto, toda manifestación existencial, lo que es, todo lo que existe, lo veamos o no, se establece por un proceso de interacciones energéticas que tienen lugar en el entorno espacial, en el "punto" al que convergen las señales cuyas interacciones, precisamente, establecen y definen el objeto o manifestación existencial en ese entorno. Enseguida veremos una analogía. Una vez cerrado ese entorno energético, una vez definido el objeto que tuvo lugar en ese entorno, él va a interactuar con el resto del universo para mantener su identidad frente a todos los cambios que tengan lugar en el manto energético universal, hasta que la densidad del manto no sea la suficiente para mantener lo que se halla inmerso en él. Sin embargo, lo que va desapareciendo en un entorno induce una re-emergencia en otro [Ref.(A).1].

Veamos la analogía.

Tenemos nuestra atmósfera.

En la atmósfera hay gotas de agua que no vemos.

De repente, hay un cambio de temperatura que converge al entorno espacial que estamos observando, digamos que sea una flor, y vemos que de la "nada" aparece una gota de agua, una gota de rocío en uno de sus pétalos.

En realidad, esa gota de agua que vemos es la asociación de minúsculas gotitas que se acercaron y se asociaron formando la gota de agua más grande que ahora sí podemos ver sobre el pétalo de la flor.

Si llevamos esta analogía al universo, en todo y cualquier entorno espacial al que convergen "gotas", o partículas primordiales, va a haber, bajo ciertas condiciones de temperatura y presión, una coalescencia, una separación de las "gotas" desde el manto energético universal (la "atmósfera" del universo) que forman cristales y moléculas materiales y sus asociaciones, en las infinitas formas y dimensiones de los diferentes elementos: hierro, cobre, carbono, oxígeno, etc., y moléculas de vida vegetal y animal.

Por eso decimos que todo lo que existe ha sido resultado de una convergencia (y "coalescencia") de algo en otra dimensión energética que no vemos, pero es tan real como la que vemos. Lo que observamos decimos que es material, que está en el dominio material; y lo que no vemos, lo que no detectamos con los sentidos materiales (*vista, oído, olfato, gusto y tacto*) decimos que está en el dominio primordial.

¿Por qué decimos que todo tiene naturaleza binaria?

Porque todo se define por asociación de sustancia natural; por asociación de partículas primordiales y sus rotaciones. En otras palabras, <u>todo es sustancia natural y movimiento</u> [todo está conformado por asociaciones de partículas primordiales que rotan y pulsan; que forman átomos cuyos núcleos pulsan mientras que sus electrones orbitan alrededor de sus núcleos y rotan alrededor de sus ejes (como ocurre en el sistema solar a otra escala)].

Todo es sustancia y movimiento.

La asociación entre los átomos, las moléculas y, o cristales, tiene lugar por la pulsación a la misma frecuencia, y en fase, de sus electrones periféricos, por lo que forman *hebras energéticas*, que no vemos pero son reales, ¿acaso no mantienen a la materia unida? <u>Todo lo que existe vibra, pulsa</u>. Una roca pulsa, aunque no detectemos la pulsación con nuestros sentidos.

Lo mismo ocurre con los pensamientos.

Los pensamientos se asocian, forman estructuras o constelaciones de información; y pulsan.

Y lo mismo ocurre con las estructuras de información y de experiencias de vida que se asocian formando el *arreglo de identidad primordial de la estructura biológica* que establece, define y sustenta el proceso SER HUMANO; arreglo al que luego modificamos culturalmente.

Toda estructura energética, visible o no, tiene una característica de pulsación a una frecuencia que la distingue del resto del universo. Por esa pulsación y su frecuencia se "buscan" y asocian las estructuras energéticas, o mantienen la separación entre ellas. Esa pulsación a esa frecuencia es la pulsación de "identidad" energética de la estructura; es la pulsación que luego veremos como pulsación "portadora" del arreglo de información que define a la estructura. En otras palabras, esa pulsación "portadora" tiene todas las frecuencias y longitudes de onda de los componentes internos de la estructura pulsante.

Igualmente ocurre con la trinidad del ser humano, con los componentes internos que definen su identidad, a otra escala de complejidad estructural y de proceso.

IV

Trinidad Energética
Alma-Mente-Cuerpo

Una visualización energética simple del alma[a]

En nuestra dimensión energética en la que estamos manifestados no podemos visualizar fácilmente nuestra estructura trinitaria, arreglo energético en tres dimensiones que conforman el *alma*, la *mente* y el *cuerpo*. La razón es que un componente, un arreglo, el alma, está en el sub-espectro no visible, conformado por partículas primordiales por debajo del nivel de detección de los sentidos y la instrumentación; y otro componente, la *mente,* es simplemente la vibración o pulsación, compleja por cierto, que tiene lugar en nuestro cuerpo como resultado de las interacciones entre los arreglos de información en el dominio material con partículas materiales (en nuestro cuerpo) y los arreglos con partículas en el otro dominio (el alma) no visible ni detectable por instrumentos.

Análogamente, a otra escala energética, es lo que ocurre entre nuestro universo material, de energía, y la energía que proviene del otro dominio, a la que se le ha llamado "energía oscura". Las interacciones entre ambos es la red espacio-tiempo, que es parte de la mente del proceso existencial, Dios.

Otra analogía mucho más simple es la siguiente.

Supongamos que consideremos al área del polo norte de la

Tierra como una estructura energética aislada.

Esta estructura está formada fundamentalmente por aire y a-gua, pero el agua está en tres dimensiones energéticas: hielo, lí-quido y vapor. El componente material de agua está en esa área conformando una estructura trinitaria. De la interacción entre el vapor de agua y el hielo depende la cantidad de agua líquida. Y el vapor de agua depende de la presión y temperatura de la atmós-fera, del aire, que es el otro componente de la unidad binaria [a-gua-aire]; y así sucesivamente si vamos hacia otros niveles del manto energético universal, pasando por los mantos solar y ga-láctico, hasta llegar a la energía y la "energía oscura". Y todo par-te desde la interacción entre átomos y moléculas, entre partícu-las primordiales y electrones; entre sustancia primordial y sus a-sociaciones, las partículas primordiales[Ref.(A).1].

Una manera muy simple, elemental, de visualizar el alma en nuestro arreglo como proceso SER HUMANO es la siguiente.

Nuestro cuerpo está rodeado de una atmósfera muy delgada, de una "capa" primordial. Esa "atmósfera", el alma, es lo que los religiosos llaman aura y que en determinados casos reportados en el mundo, particularmente en el pasado, brilla, se ilumina, se hace visible.

Esta capa queda, por ahora, "separada" del cuerpo por nuestra piel, aunque en realidad se extiende por dentro del cuerpo. En o-tras palabras, nuestro cuerpo está "inmerso" en el alma. (Desde una estructura primordial que está en la intermodulación del man-to energético universal al inicio de la vida en la Tierra, comienza a desarrollarse, a través de un largo proceso de evolución que toma millones de años nuestros, lo que va a ser finalmente el cuerpo humano que queda "montado" sobre el alma, sobre la estructura primordial que le da lugar en nuestro entorno del universo).

El arreglo de esta "atmósfera" interactúa con el resto del cuer-po y esa interacción modifica el manto energético entre ambas. Esa modificación es la mente, y esta modificación se transfiere a todo el universo por la vibración o pulsación de sus componentes que no vemos y solo percibimos por la suma, la integración sobre todo el cuerpo.

En un átomo consideremos que la unidad de proceso, la célula energética, es el arreglo de partículas en tres dimensiones de asociación a saber,

- el núcleo y los electrones;
- las partículas primordiales cuyas asociaciones son el núcleo y los electrones;
- y el espacio entre ambos.

Luego, en el átomo,

- el *cuerpo* es formado por el núcleo y los electrones;
- su *alma* son las partículas primordiales que forman el núcleo y los electrones;
- la *mente* son las vibraciones de las partículas primordiales del manto energético en el espacio entre ambos.

Como podemos ver, todo es un arreglo en diferentes dimensiones de asociación de partículas primordiales a las que no vemos y cuya presencia permite todo lo que es, todo lo que existe, todo lo que experimentamos.

Acerca de la relación entre las trinidades humanas y la TRINIDAD PRIMORDIAL podemos ver luego una extraordinaria observación en la página 86, en una nota para la Ciencia, al final de la sección VII, Estructura de Control Universal.

Los aspectos energéticos esenciales del proceso SER HUMANO que nos permiten visualizar nuestra conexión energética con Dios se exploran en la sección VIII, Control del Proceso SER HUMANO.

[a]Extractado y revisado de *Con Corazón de Niño*, ref.(A).2.

Trinidad Energética

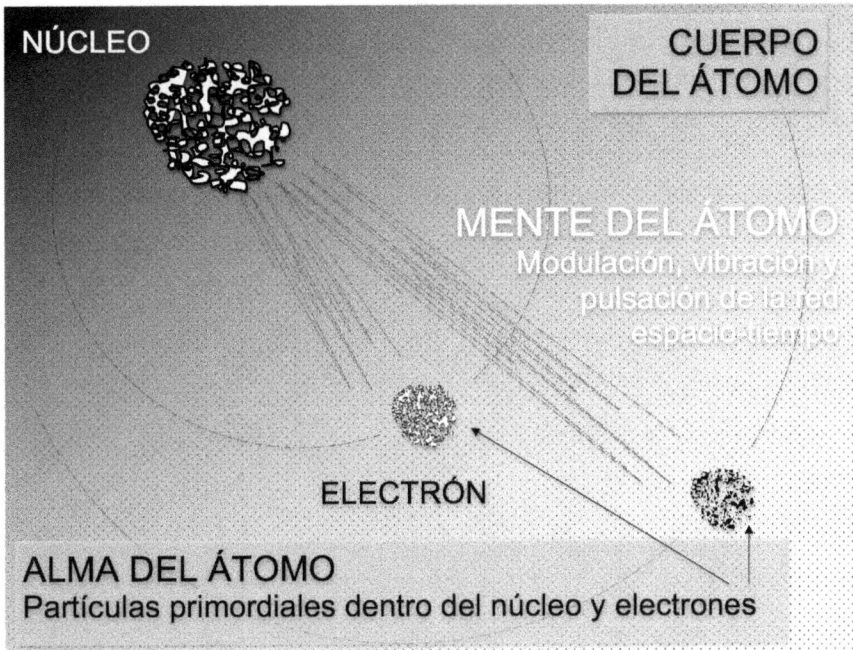

NÚCLEO

CUERPO
DEL ÁTOMO

MENTE DEL ÁTOMO
Modulación, vibración y
pulsación de la red
espacio-tiempo

ELECTRÓN

ALMA DEL ÁTOMO
Partículas primordiales dentro del núcleo y electrones

Figura III(A).
Átomo, célula energética de naturaleza binaria, *asociación y movimiento*, (y dos componentes inseparables en nuestra dimensión de asociaciones: *núcleo y electrones*) cuya estructura energética en el proceso existencial es trinitaria, <u>en tres dimensiones de asociaciones</u> de *partículas primordiales*.

A medida que los átomos se van asociando formando moléculas y cristales (en el caso de la materia) y células de vida, todo va quedando inmerso en un manto de partículas primordiales intersticiales que no vemos pero que son parte de lo que ahora se reconoce como simplemente *fluído energético* en las estructuras materiales, y como *alma* en los arreglos de vida. Como dijimos, es una cuestión de definición conforme reconocemos los arreglos en uno u otro sub-espectro de la función existencial. Las interacciones entre núcleo y electrones modula, "entreteje" el manto energético entre ambos componentes del átomo. Ese entretejido es lo que determina las fuerzas atómicas, fuerzas entre núcleo y electrones. Esa fuerza es atómica en este nivel; es nuclear dentro del núcleo; es gravitación universal en las estructuras galácticas, estelares y planetarias; es *gravitación primordial* en la Unidad Existencial; es *amor* en la estructura de Consciencia Universal.

V

Estructura de Identidad

Consciencia

Asociación de las Especies de Vida

El ser humano no es consciente por sí mismo sino por la interacción con la Fuente, con Dios, con la dimensión Madre/Padre del proceso ORIGEN en el que estamos inmersos. No hay sino una sola consciencia, la Consciencia Universal. De este reconocimiento primordial es que partimos para entender energéticamente la FUNCIÓN EXISTENCIAL CONSCIENTE DE SÍ MISMA. Este reconocimiento no tiene nada especial. Dios, Consciencia Universal, es eterno, y la eternidad ya ha sido reconocida y descripta racional, matemáticamente. Referencia (A).1, Apéndice. Aquí solo deseamos ayudar a visualizar qué define la *identidad primordial* del ser humano, de cada individuo, ya que es la que luego cada uno modifica culturalmente para dar lugar a la *identidad cultural temporal*. Ciertas modificaciones que ocurren son las que afectan nuestra experiencia de felicidad, o mejor dicho, de sentirnos bien permanentemente en toda y cualquier circunstancia de vida[Ref.(A).2], a las que veremos luego.

En relación a la consciencia,

enfatizaremos a menudo que la consciencia no se alcanza por una entidad aislada sino por una *unidad binaria de inter-*

---

acciones. **Es decir, dos componentes inseparables interactuando de una manera particular que se define como *armonía,* sustentan la consciencia de la interacción que se extiende a ambos componentes interactuantes.**

Por eso es que no hay Dios sin la especie humana, y no hay especie humana sin Dios. Ambos son inseparables, son los dos componentes de la Unidad Binaria de Consciencia Universal.

Si ambos componentes de la Unidad Binaria de Consciencia Universal no están interactuando en armonía, no hay consciencia para ningunos de los dos si solo hubieran dos interactuantes (pero hay dos universos, dos colectividades interactuantes de un colosal número de individuos).

¡ATENCIÓN!

Cuando consideramos dos individuos aislados, un individuo interactuando con otro, los juegos o colecciones de relaciones causa y efecto que definen las *identidades culturales temporales* de cada uno son las colectividades de información que interactúan entre ambos para dar como resultado las experiencias que tiene uno y otro de esa interacción. La consciencia individual de esas experiencias las provee la relación de cada uno con la Consciencia Universal. Cuando ambos interactúan entre sí, también están interactuando cada uno con la Consciencia Universal aunque no sean conscientes de ello).

La consciencia es resultado de interacciones y comparaciones entre estructuras de información en diferentes dimensiones energéticas y diferentes rapideces (en diferentes constantes de tiempo). Las comparaciones tienen lugar frente a una referencia absoluta, eterna, constante, dentro de la TRINIDAD PRIMORDIAL. La TRINIDAD PRIMORDIAL es un entorno energético específico de la Unidad Existencial sobre el que tiene lugar la componente de la Consciencia Primordial que llamamos Espíritu Santo o Espíritu de Vida[Refs.(A).1 y (B).(I).2]. Nuestro universo se halla inmerso en este entorno.

EL CELULAR BIOLÓGICO

La identidad de toda estructura existencial es dada por el arreglo particular de asociación de las partículas primordiales que lo componen.

Por ejemplo, la identidad de la roca, cualquiera y todas ellas, es dada por la asociación de átomos de silicio; la roca es una "especie" de entidad material, y las particularidades que le confieren la presencia de otros átomos como hierro, cobre, calcio, manganeso, oxígeno, carbono, etc, a cada una, le da una identidad particular dentro de la "especie" roca.

La especie humana tiene una *identidad biológica* dada por el arreglo de moléculas de vida, de moléculas ADN que la conforman; es un arreglo particular que parte de un arreglo básico común a todas las especies de vida; la configuración final a la que llega, o evoluciona ese arreglo básico, es el arreglo que le da el aspecto típico físico que la distingue de las otras especies. Y tiene una *identidad racional*, un arreglo interno particular por el que percibe y procesa la información de vida, la información existencial, de una manera única, especial para cada uno de sus individuos. Ese arreglo interno establece un colosal juego de relaciones causa y efecto en diferentes dimensiones energéticas de los dos dominios energéticos, material y primordial, por el que frente a estimulaciones desde el universo va a dar lugar a reacciones (emociones) que son comunes a la especie, unas, y que son particulares para cada individuo, otras. Este arreglo particular para cada individuo tiene lugar como una variación del arreglo que define a la especie (es el arreglo que trata de encontrar la ciencia). No vamos a ocuparnos aquí de eso sino conceptualmente, y algunas analogías simples.

El arreglo de distribución interna de ciertos sub-arreglos de las moléculas ADN que definen a cada individuo (las cadenas genéticas de cada individuo) es la *identidad primordial del individuo*; es el arreglo que va a percibir, y procesar lo que percibe, de una manera particular. Esta identidad define el estado de pulsación de la entidad biológica que interactuando con la TRINIDAD PRIMOR-DIAL va a dar lugar a la experiencia de sentirse bien o mal, dependiendo de que el complejo arreglo de pulsación de toda la estructura de *identidad primordial* esté o no en armonía con la TRINIDAD PRIMORDIAL. Lo que la saca de armonía son ciertas reacciones (a las que luego veremos) de la *identidad cultural temporal* frente a lo que ocurre (de la identidad que desarrolla por interacción con el grupo social en el que fue dado a la vida y en el que se encuentra).

La *identidad cultural*, arreglo de relaciones causa y efecto, se desarrolla sobre el arreglo de la *identidad primordial*.

La *identidad primordial* es la que interactúa con la TRINIDAD PRIMORDIAL para proveer la consciencia de sentirse bien o no.

Adelantamos el siguiente ejemplo simple.

Si la entidad biológica no come, si no ingiere energía, se deteriora el estado energético del cuerpo; se genera una desarmonía frente a la TRINIDAD PRIMORDIAL, y se produce la consciencia de sentirse mal debido al hambre, a la deficiencia energética.

La asociación de las especies de vida ocurre naturalmente estimuladas por la pulsación primordial del *amor*, que veremos hacia el final. <u>Esta asociación estimula y permite las interacciones por las que se sustenta la consciencia de la especie y su extensión a sus individuos.</u> Desarrollándose aislado de la especie, luego de ser dado a la vida, ningún individuo puede alcanzar el nivel de consciencia correspondiente a la especie.

Frente al estado primordial de sentirse bien, de la *identidad primordial*, el individuo de la especie humana comienza a desarrollar su *identidad cultural*. Primero es forzado por la inducción desde la identidad colectiva del grupo social al que pertenece, y luego continúa por su voluntad, en la dirección recibida desde la sociedad, u otra a la que encuentra más compatible con su *identidad primordial* a la que aprende a reconocer[Ref.(A).2].

—

44

EL CELULAR BIOLÓGICO

El niño, apenas es dado a luz comienza a "construir" su arreglo de relaciones causa y efecto. Por ejemplo, tiene hambre, falta energía en su arreglo biológico; la *identidad primordial* reacciona y estimula a la incipiente *identidad cultural* a reaccionar. Llora. Es atendido, recupera su estado de sentirse bien mientras guarda la poca información, pero vital, que le es suministrada, que es parte del arreglo de causa y efecto relacionado con esa experiencia de malestar, de hambre. Más adelante, dentro de esta constelación de causa y efecto guarda la información de todas las actividades que observa, los sonidos, las imágenes. Y de esta manera, para cada experiencia que le saque del estado de sentirse bien. El estado de sentirse bien tiene sus componentes biológicos (hambre, sed, dolor, frío, calor), mentales (curiosidad, interés, pensamientos) y primordiales (deseos, sentimientos) conforme va desarrollando su reconocimiento de sí mismo y expandiendo su consciencia, su entendimiento del proceso existencial del que es parte. Ser sacado del estado de sentirse bien primordial no es sólo por dolor, por sufrimiento, sino por un deseo o por una inquietud por los que sentimos que debemos satisfacer ese deseo o inquietud. Obviamente, debemos visualizarnos como un proceso SER HUMANO interactivo con el proceso ORIGEN del que somos partes inseparables y con el que siempre, aunque inconscientemente, estamos interactuando.

Consciencia.

Consciencia es el resultado de la interacción entre asociaciones de unidades de inteligencia, que procesan la información existencial e introducen las variaciones (a través de sus identidades particulares) que se requieren para las comparaciones por las que se alcanza el reconocimiento de un aspecto determinado de la interacción frente a una referencia absoluta que contiene todas las variaciones posibles. Esa referencia absoluta es el Espíritu de Vida en las formas de vida [es la *Conciencia* (no Con_s_ciencia), la estructura de causa y efecto primordial, inmutable, de referencia consciente de sí misma del proceso existencial (en realidad es la dimensión inmutable de la Consciencia Primordial); es la membrana universal del *Sistema Termodinámico Primordial* que rige la redistribuciones del manto de fluído primordial[Ref.(A).1]; es el alma en el ser humano].

Para entrar en la estructura de interacciones de la Consciencia Universal necesitamos manejar la intermodulación entre constelaciones de señales que nuestra civilización no ha alcanzado todavía, aunque tenemos el principio primordial, *Armonía* [Ref.(A). 1].

La consciencia de cada unidad de inteligencia interactuante, de cada individualidad, se hace posible por las interacciones entre todas las demás, infinitas, innumerables otras, que frente a la referencia generan una resonancia que es, precisamente la identidad de la que se está "mirando" a sí misma.

La asociación de las especies de vida es estimulada por la Consciencia Universal. La asociación tiene una consciencia colectiva que se transfiere a cada individuo de la especie.

Antena

Estructura de expansión del procesador Araña

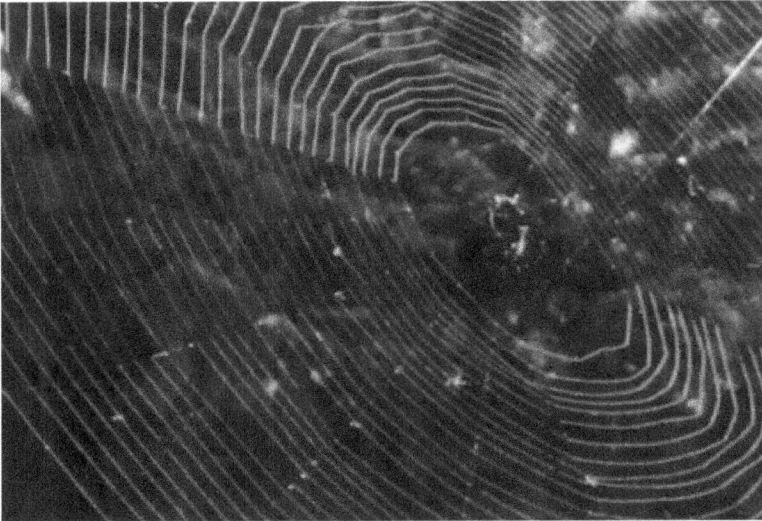

Figura III(B).

La telaraña es un extraordinario ejemplo de una red sensora, un detector, compuesto de hebras energéticas circulares y radiales. Aquí las vemos; son reales, decimos, porque las vemos, pero en el sub-espectro no visible esta red se construye de la misma forma y con componentes menos destructibles que esta red. La indestructibilidad de la red primordial se basa en su "elasticidad", en su capacidad de expanderse sin perder la conexión entre sus puntos, entre sus partículas primordiales.

Como ejemplo de las conexiones no visibles y más fuertes, y entre las que podemos "navegar", sin afectarlas, tenemos las que unen al Sol los componentes del sistema solar.

Copa del Árbol

Membrana de Interacción
entre diferentes dimensiones energéticas

Figura III(C).

La copa de hojas de un árbol nos ofrece una excelente analogía de unidades de inteligencia (las hojas) interactuando con el dominio "primordial" para el árbol, la luz, para integrar luz y usar su energía para las asociaciones y disociaciones que necesita el árbol a través de sus hojas. Todas las hojas conforman la membrana de interacción del árbol, y entre todas tienen el algoritmo del árbol mientras cada hoja conserva el suyo propio. Si no hay armonía entre ellas, una parte se seca y afecta a la estructura de identidad energética del árbol frente a la luz, por lo que eventualmente hasta el árbol completo puede verse comprometido. Lo mismo ocurre con la sociedad humana, y con el individuo (si no "construye" su arreglo de "hojas", de relaciones causa y efecto en armonía con la estructura primordial con la que va a interactuar).

VI

Procesos Energéticos

Re-distribuciones de energía e interacciones entre constelaciones de información

¿Por qué todos debiéramos interesarnos en entender, al menos conceptualmente, el proceso de intercambio energético, y muy particularmente el que tiene lugar en la estructura trinitaria *alma-mente-cuerpo* del ser humano?

Porque todos, absolutamente todos los procesos energéticos y racionales que tienen lugar en el ser humano, consciente o inconscientemente, tienen como único propósito el mantener su estado primordial, el estado de sentirse bien.

Nos alimentamos, introducimos energía, para mantener la estructura que permite y sustenta la función consciente de sí misma; para sentirnos bien biológicamente.

Estudiamos, o mejor dicho, observamos, exploramos todo lo que sea de nuestro interés, para introducir y mantener el flujo de información que necesita el proceso racional, para sentirnos bien mentalmente estableciendo relaciones causa y efecto del proceso existencial, de la vida; para satisfacer las estimulaciones primordiales, los sentimientos del alma (como el amor) y de la mente [como la *curiosidad*, que es inherente a todo lo que existe, a todo lo que es (no sólo a los seres conscientes) que se reconoce y define como *atracción energética*]; para entender la relación entre lo que observamos (con los cinco sentidos materiales) y lo que experimentamos (las emociones) en nuestro ser que es establecido, definido y sustentado por una trinidad energética.

Pensamos, imaginamos, creamos, para sentirnos bien primordialmente, a nivel del alma.

A continuación veamos una introducción a un proceso energético, pero antes mencionemos que un *proceso racional es un proceso de establecimiento de relaciones causa y efecto*, que para el ser humano tiene importancia fundamental ya que por este proceso relaciona lo que ocurre en el universo, en ambos sub-espectros[a] material y primordial, con lo que experimenta, con sus sentimientos y sus emociones. Mencionaremos a menudo que el proceso SER HUMANO requiere de un flujo continuo, permanente, incesante, de información existencial que incluye las experiencias de vida, las fortuitas y las que resultan como consecuencia de sus creaciones y acciones. La consciencia se sustenta en la interacción entre las estructuras de información presente y las que tiene en memoria, y cuyos efectos puede cambiar si "salta" al futuro, si crea nuevas opciones de entre las experiencias que ya se tiene en memoria, o adquiriendo opciones totalmente nuevas, desconocidas, de las que no se tiene experiencia, que están en el espacio universal, en la estructura de Consciencia Universal. Este acceso a nuevas opciones [que estando en armonía con el proceso existencial le conducen al ser humano al estado natural de sentirse bien, referencia (A).2, Apéndice] es lo que nos permite la vivencia por las *Actitudes Primordiales* que veremos luego en la parte de Cultivo de la Interacción con Dios.

Supongamos tener dos entornos (A) y (B), o dos ambientes o vecindarios espaciales con diferentes energías en ellos, con diferentes cantidades de movimiento disponibles para intercambiar,

Figura IV, tales como una habitación (B) y un aparato acondicio-nador de aire (A), ambos inmersos en la atmósfera (U'); o dos cé-lulas (A) y (B) inmersas en un fluído (agua, savia, linfa o sangre); o el Sol (A) y la Tierra (B) inmersos en el manto energético de la galaxia; o una fuente de calor cualquiera (A) y una roca (B) pre-sentes en la atmósfera.

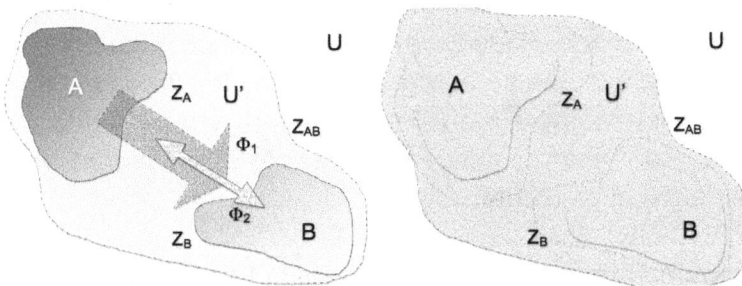

Figura IV.
Intercambio energético entre dos entornos A y B.
Hay un intercambio entre A y B (izquierda), y luego todo tiende a un estado en equilibrio con U' (derecha) dependiendo de qué tan buena sea la aislación de A y B con respecto a U' dadas por las respectivas superficies aislantes o membranas Z_A y Z_B.

Un proceso energético es el conjunto de acciones seguidas en el intercambio de energía o la transferencia de cantidades de mo-vimiento entre dos entornos interactuantes; entre una fuente y un sumidero (A y B respectivamente); entre un emisor y un receptor.

El conjunto de acciones que tiene lugar entre ambos entornos establece y define un flujo Φ_1 de energía de la fuente al receptor, del entorno de mayor energía (A) al de menor energía (B). Sin embargo, en la realidad siempre hay un flujo Φ_2 de intercambio e-nergético en ambas direcciones (A↔B), con una componente pre-ferencial Φ_1 que es la que usualmente detectamos, observamos y evaluamos, y por la que definimos la dirección del proceso de intercambio. Más aún, hay un intercambio entre la fuente (A) y el sumidero (B) a una rapidez dada, y también, siempre e inevitablemente, hay intercambios a otras rapideces (a los que usualmente llamamos "pérdidas" de energía) entre la atmósfera (o manto energético U') y ambos entornos que se hallan inmersos en ella, la fuente (A) y el sumidero (B). Por ejemplo, calentamos un recipiente de agua en la hornalla de la cocina, pero parte del calor de la hornalla que aplicamos al recipiente se va al ambiente alrededor de la hornalla, como también parte del calor que va recibiendo el recipiente; de manera que todo es un "juego" en el que tienen que ver la rapidez a la que se aplica el calor desde la hornalla (la fuente A) al recipiente de agua (el recipiente B) y las rapideces a las que se "pierde" energía desde la fuente (A) al ambiente y desde el recipiente (B) al ambiente.

¡ATENCIÓN!

Hemos notado a propósito esta realidad de los procesos de intercambios e interacciones entre entornos energéticos, acerca de que nada es realmente aislado del manto energético en el que todo se encuentra inmerso. Y de una manera u otra, todo lo que se "pierde" al manto energético, a la atmósfera, desde dos entornos interactuantes afecta a todo el resto que se halle inmerso en el manto energético. Esta afectación a menudo no se percibe pues ocurre en otro sub-espectro de señales diferente al que estamos observando y detectando. Por ejemplo, observamos el efecto de una corriente eléctrica porque enciende una lamparilla, pero no observamos que esa corriente, además, genera un campo magnético alrededor del cable por el que ella va desde la fuente hacia la lámpara. En cambio, si tenemos un detector adecuado, algo sensible al cambio del campo alrededor del cable (tal como un magnetómetro), lo observaremos indirectamente a través del efecto inducido sobre el detector.

Esto tiene importancia por lo que diremos luego acerca del poder de nuestra mente; poder del que tenemos información y experiencias reales.

Nuestra mente irradia y modula o afecta, positiva o negativamente nuestro propio cuerpo, y el ambiente energético que nos rodea y en el que siempre estamos inmersos, ¡en el que estamos inmersos todos!

Esta interacción tiene lugar en un sub-espectro de señales que no alcanzamos ni con los sentidos materiales ni con nuestra instrumentación, sino que se integra, o se suma, por toda la piel del cuerpo humano.

Para visualizar esto de los diferentes sub-espectros de señales veamos lo que ocurre con un material al ser calentado.

Calentamos una roca.

Generamos un flujo de energía térmica desde una fuente, un soplete de acetileno por ejemplo, hacia la roca.

El flujo térmico tiene lugar en el espectro primordial y se detecta en el sub-espectro infrarrojo (INF) que aunque no es visible es detectable por instrumentos; y es detectado por el cuerpo humano que siente el calor en el ambiente. El efecto del flujo térmico sobre la roca es visible cuando la roca se calienta a una temperatura a la que comienza a cambiar de color y emite luz, empezando por rojo. Es decir, ahora observamos el efecto de algo no visible, el flujo de calor, por el cambio de pulsación, de vibración de los átomos en la roca a un sub-espectro visible. Tenemos un flujo de energía térmica del soplete a la roca, de "pérdidas" de calor del soplete y de la roca a la atmósfera, y tenemos una energía en otro sub-espectro, visible, desde la roca irradiando a toda la atmósfera. Y hay algo más. Hay flujos de cambios de vibraciones a los que tampoco vemos, por encima del sub-espectro visible, en las partículas, átomos y moléculas de la atmósfera y la roca.

¿Qué debemos visualizar en este ejemplo?

Lo que se dijo antes.

Lo que ocurre en un "punto" del universo, el cambio que tiene lugar en un entorno del universo, por infinitesimal que sea, se hace posible porque todo el resto del universo se redistribuye para que ese cambio observado tenga lugar.

Explicitemos algo más.

La fuente de calor es generada por la disociación de moléculas (en el caso del soplete de acetileno); esta disociación cambia el estado de vibración (o pulsación) de los átomos y moléculas de la atmósfera en el entorno de la llama, y este cambio se transfiere a la roca. El cambio de pulsación de la atmósfera llega a la roca, y desde su superficie que comienza a cambiar su estado de pulsación, se transfiere a su interior, todo; y desde el interior proviene un cambio de pulsación en otro sub-espectro debido a la presión interna que mantiene a todos los átomos de la roca sincronizados, en fase, por lo que se mantiene la unión de la roca... hasta que el cambio es tal que la roca se debilita, y se funde. Y todos estos cambios dentro de la roca se transfieren al manto, a la atmósfera; algunos los vemos, como el cambio de color, y a otros no, pero lo ven instrumentos que por esa radiación, no visibles por nosotros, nos permiten saber si la roca contiene aluminio, hierro, manganeso, cobre, agua, o cualquier otro material. Desde un sub-espectro no visible, transferido al visible por la instrumentación, podemos conocer la particularidad de la roca, su individualidad, su "identidad" frente a otras rocas. Es lo que se hace en espectrografía de los materiales.

Que nosotros no percibamos esta fina interacción, ya sea porque no la podemos detectar con instrumentos, o porque necesitemos mayor rapidez de detección en algunos casos, o más tiempo de observación en otros, no por eso podemos negarla.

Esta fina interacción también tiene lugar entre la mente del ser humano y la de Dios, en otro sub-espectro, en el sub-espectro primordial, o espiritual, o fuera del sub-espectro material.

En el caso del sub-espectro material que acabamos de describir, no necesitamos ver el flujo energético sino sus efectos en el sub-espectro material. De la misma manera, no podemos ver el flujo de energía primordial, espiritual, desde el proceso ORIGEN en el que siempre estamos inmersos y del que somos partes inseparables, pero tenemos sus efectos reconocibles y experimentables conscientemente en el arreglo trinitario del proceso SER HUMANO, y por ello es que la interacción consciente con el proceso ORIGEN es la que debe interesarnos, pues de esta interacción consciente, y valga el énfasis, depende nuestro estado de sentirnos bien por el que vamos a crear y experimentar la vida que deseamos.

Decimos que el proceso energético que tiene lugar entre dos entornos interactuantes sigue leyes universales que rigen el mecanismo de transferencia en cualquier y en todos los entornos del universo. En realidad, cualquier y todo proceso de intercambio energético sigue un solo principio absoluto, inmutable, válido para todos los casos y en todos los instantes de proceso, del que se derivan versiones para cada entorno en particular. Este principio, *Armonía*[Ref.(A).1], es el que rigiendo todo el proceso existencial por sí mismo nos confunde, sin embargo, en el proceso local en nuestro universo, por estar nosotros manifestados con una capacidad inicial limitada por nuestros sentidos materiales; capacidad inicial que debe evolucionar a través del proceso racional, y que sólo tiene lugar si el proceso racional, el proceso de establecimiento de las relaciones causa y efecto de la fenomenología energética universal, se conduce en armonía con las orientaciones primordiales para el desarrollo de consciencia, de entendimiento del proceso existencial.

Ahora bien.

Para que haya una transferencia de energía entre los entornos o las estructuras interactuantes (A) y (B), tiene que haber una diferencia de energía o de cantidad de movimiento entre ellos.

Por el *Principio de Armonía*, toda diferencia de energía entre dos "puntos" o entornos del espacio de existencia, tiende a anularse redistribuyéndose entre ambos entornos y en el manto en el que se encuentran inmersos.

Por el *Principio de Armonía* es que vemos que todo tiende a tomar un estado de temperatura final dado por el manto energético en el que todo se halla inmerso; que todo tiende al estado de reposo.

En realidad, el estado de reposo de todo y cualquier objeto en nuestro universo es el estado de posicionamiento de manera de minimizar las fuerzas diferenciales que actúan sobre él (es decir, minimizar los efectos del resto del universo sobre él); es el estado de evolución natural del objeto, a ritmo del manto energético en el que se halla inmerso, y el de éste, a su vez, es fijado por la estructura y algoritmo que rige la evolución de nuestro universo. Referencia (A).1, sección Sistema Termodinámico Primordial.

¡ATENCIÓN!

En el caso de nuestro universo, llegar a un estado de reposo (al estado final que confunde a la comunidad científica y que conforme al modelo cosmológico standard es el estado para el que nuestro universo "deja de tener vida"), es en realidad pasar por el estado en que se completa la transferencia de la vida de un universo a otro; es el "instante" o el "punto" de conmutación de los ciclos de "carga y descarga" de los dos universos componentes de la Unidad Binaria, las hiper galaxias Alfa y Omega [conmutación detallada en la referencia (A).1]; ¡"instante" que tiene una duración de billones de años nuestros!

En el ser humano, el "estado de reposo" que busca mantener es el estado primordial de sentirse bien; es el estado en el que su identidad temporal cultural está en armonía con el proceso existencial; es el estado en que sus dos identidades primordial (eterna) y cultural (temporal) se han hecho una sola con el proceso existencial del que son parte; es el estado por el que en la práctica se pasa a otra realidad existencial, a otra dimensión de consciencia.

NOTA.

El *Principio de Armonía* que rige las interacciones de la Unidad Existencial es el mismo y único por el que debemos regir nuestras interacciones con el proceso existencial, con Dios, para estar en armonía con Él y beneficiarnos de ella, entre otras cosas, porque por la armonía, por la "sintonía" con el proceso existencial es que se nos abren las *"Puertas del Cielo"*, el acceso a la estructura de Conocimiento del proceso existencial, de la Consciencia Universal [Refs.(A).3, Libros 1 y 2, y (B).(I).2].

Estructura Universal de Control de Procesos.

Control de un proceso de redistribuciones energéticas e interacciones entre constelaciones de información.

Tan variado y amplio como sea el espectro de procesos en el universo nos interesa uno en particular ahora, con el objeto de entendernos a nosotros mismos no sólo como un proceso de intercambio energético sino también de redistribuciones o rearreglos de complejas estructuras de información, y de interacciones entre constelaciones de información y experiencias.

La aplicación que tenemos muy a mano es la de intercambio de calor, de energía cuyo efecto se detecta en el sub-espectro infrarrojo (INF), y dentro de ésta revisaremos, en la sección siguiente, una aplicación simple de control de intercambio de calor que está al alcance de todos y que constituye una analogía muy acertada para la introducción posterior a la configuración y elementos de control del proceso SER HUMANO, un sub-proceso de intercambios energéticos y de interacciones entre constelaciones de información en los dos dominios material y primordial (o espiritual) del proceso existencial.

La aplicación simple a que nos referimos es el control de temperatura de una habitación.

Esta aplicación simple de control de intercambio de calor nos familiarizará con los elementos y aspectos que necesitamos para asumir el control de interacciones dentro de nuestra trinidad energética que nos define; para asumir ¡el control de interacciones de nuestro propio proceso existencial! con el propósito de regresar y mantener el estado natural: el estado de sentirse bien de nuestro arreglo de identidad temporal frente a cualquier y toda circunstancia temporal por la que debamos atravesar en la vida.

¡ATENCIÓN!
Al revisar la aplicación de control de temperatura de una habitación y su analogía con el control del estado de sentirse bien del proceso SER HUMANO, tengamos siempre en mente los siguientes aspectos que enfatizamos en párrafos separados.

Extendiendo el propósito de un arreglo de control,
como en toda aplicación de control de proceso energético, el propósito del control de una manifestación del proceso existencial, del proceso SER HUMANO en nuestro caso, <u>es el de mantener el balance energético, informacional y experimental de la interacción natural</u>, de la interacción entre la manifestación (el ser humano, el recipiente o "sumidero" de acuerdo a la analogía de la Figura IV) y el proceso existencial (la fuente, Dios) del que se deriva la manifestación.
Revisitar la Figura II y compararla con la Figura IV. El entorno (A) en la Figura IV es la parte superior de la Figura II, y el entorno (B) de la Figura IV es la parte inferior de la Figura II. Entre las partes superior (Dios) e inferior (ser humano) de la Figura II queda una membrana, la referencia (que en la TRINIDAD PRIMORDIAL es el Espíritu de Vida, y que en nuestra trinidad es el *alma*, una "partecita" o aspecto del Espíritu de Vida).

La configuración de control y sus elementos son universales, es decir, son comunes a todo proceso energético y de intercambio de información y, o interacciones entre constelaciones de información en el proceso existencial. Las infinitas versiones en los infinitos casos reales se derivan de la configuración universal que veremos en la siguiente sección (VII).

La configuración de control es inherente al arreglo trinitario del cuerpo humano.
Resulta algo complicado reconocerlo en nuestro arreglo biológico, pero no necesitamos llegar a un reconocimiento detallado para controlar nuestro estado emocional.

La configuración de control y sus elementos en nuestra trinidad es análoga a la estructura de control de la Unidad Existencial.

La estructura de control es inherente a la configuración de la distribución energética en la Unidad Existencial, o en el universo (si todavía no se alcanza a visualizar mentalmente la Unidad Existencial).
Ver Nota para la Ciencia.
El arreglo que sigue el proceso de redistribuciones energéticas observadas en nuestro dominio material es inducido por la configuración del dominio primordial a la que no vemos. Referencia (A).1, sección Sistema Termodinámico Primordial.

NOTA.
Para la Ciencia.

(Los que no desean ver esta Nota para la Ciencia pueden pasar al próximo apartado, más abajo. Presentamos esta nota y otras cuando resulte conveniente destacar que todo lo que vemos aquí tiene su respaldo en la Unidad Existencial cuya configuración y mecanismo de redistribuciones energéticas, ¡y de su propia recreación de sí misma!, tienen disponibles para revisar quienes lo deseen).

En la Unidad Existencial el control de proceso no tiene un propósito pre-diseñado, sino que la función de control es un conjunto de interacciones, comparaciones y realimentaciones, con una secuencia natural básica que se halla impresa en la configuración binaria[b] de la membrana de convergencia, de la hipersuperficie de convergencia de los dos dominios energéticos de la Unidad Existencial[Ref.(A).1]. El arreglo de control de intercambios energéticos en cualquier y todo entorno del espacio de existencia es consecuencia de las redistribuciones de cargas, de unidades de energía, que son inducidas por las fuerzas naturales; y el arreglo de redistribuciones de energía solo puede tener una configuración inducida, a su vez, por la única distribución o configuración espacial que puede tomar una presencia de sustancia primordial fuera de la cuál nada hay, nada se define.

La no existencia, el vacío total y absolutamente infinito fuera del espacio de existencia, impone la única configuración espacial que puede tomar la presencia de la sustancia primordial de la que todo se genera y se recrea[Ref.(A).1].

En este sentido es que el proceso existencial crea, genera las funciones internas, las que deben subordinarse a la distribución primordial que sirve de base, de patrón, que induce todo lo que ocurre inmerso en ella en diferentes constantes de tiempo.

Inteligencia, algoritmo de redistribuciones e interacciones.

Analogía entre el control del proceso SER HUMANO y de temperatura de una habitación.

La inteligencia existencial es el arreglo espacial y temporal de redistribución de sí misma de la configuración de energía de la Unidad Existencial, de todos sus componentes, y de interacciones entre todos sus componentes.

La inteligencia es la que define su capacidad de re-energizarse, re-estimularse y recrearse a sí misma y por sí misma de la Unidad Existencial, y que lo hace de manera a la que nos referimos como que se controla a sí misma, aunque la función de control es una consecuencia natural de la configuración primordial y no pre-diseñada. Por eso es que la función de control es muy intuitiva, es inherente a la especie humana, aunque muchos no estén familiarizados con la estructura de los sistemas de control.

En efecto, la función de control es natural, es inherente a la existencia. La existencia consciente solo puede tener bajo un proceso particular que es regido por una condición energética primordial (dada por la naturaleza cerrada de la Unidad Existencial) por lo que podemos decir que esa condición es la que controla el proceso de conscientización de la Unidad Existencial, y por la que se debe controlar todo sub-proceso análogo al primordial. Por otra parte, solo hay una Consciencia Universal, y nosotros los seres humanos no somos conscientes por nosotros mismos, sino que accedemos la Consciencia Universal; y este acceso depende de nuestro proceso racional, que esté en armonía o no con el proceso existencial por el que se sustenta la Consciencia Universal.

Los seres humanos somos un proceso racional cuyo propósito es sentirse bien en todo momento él mismo, el proceso que se reconoce a sí mismo; y somos un proceso en desarrollo de su consciencia, del acceso a la Consciencia Universal, con una capacidad inherente para el control por sí mismo de su experiencia de vida y para el desarrollo de su consciencia, de su reconocimiento de sí mismo con entendimiento. Lo que debemos controlar no es el sub-proceso existencial en nosotros, sino el no desviarnos del proceso ORIGEN durante nuestra experiencia de vida en la toma de decisiones de nuestra identidad cultural temporal frente a los eventos del proceso existencial que la excitan, estimulan.

Como se mencionó antes, todos podemos entender la función de control universal, general, y para revisar aspectos de ella que necesitaremos reconocer y entender dentro de nuestra estructura trinitaria *alma-mente-cuerpo* es que sugerimos la función de control de temperatura de una habitación, pues es una función de control con la que estamos bastante familiarizados en la sociedad en la que nos hallamos.

La temperatura de una habitación tiene que ver con el estado de sentirse bien del cuerpo, con el estado energético de nuestra entidad biológica, uno de los tres componentes de nuestra trinidad. A nivel energético elemental, biológico, necesitamos controlar la temperatura de la habitación en la que nos encontramos para sentirnos bien.

Nadie tiene que explicarnos qué es el sentirse bien, o no, con respecto a la temperatura del ambiente en el que nos encontramos. Nuestro cuerpo nos lo dice. Simplemente nos agrada o no. Venimos con este reconocimiento primordial. No necesitamos entrar en especulaciones racionales complicadas. El cuerpo, de alguna manera, nos hace saber si hay o no hay compatibilidad o armonía entre la temperatura del ambiente en el que nos encontramos y la que el cuerpo requiere para sentirse bien, para la que el proceso existencial que nos define reconoce que sea o no la óptima para sí mismo, para su función.

Algo hacemos para minimizar, y si es posible anular alguna diferencia inconveniente de temperatura entre el ambiente en la habitación y nuestro cuerpo. Nos abrigamos si hace frío. Nos desabrigamos si hace calor; e incluso nos rociamos con agua si la transpiración natural del cuerpo por la piel no es suficiente para generar frío mediante la absorción de calor desde la piel al evaporarse el agua, el sudor.

Podemos no saber el proceso físico, el aspecto racional, la relación causa y efecto de la fenomenología química y física que tiene lugar en el cuerpo, el intercambio en la piel, a través de la piel, pero lo sabemos indiscutiblemente por experiencia: el cuerpo detecta, y acusa cualquier y todo cambio por el que se excita o se estimula al proceso racional que se reconoce a sí mismo; proceso por el que la identidad que se reconoce a sí misma (por ese mismo proceso a otro nivel) busca tomar una acción frente al cambio que reconoce.

NOTA.

Tal vez luzca algo confuso esta relación entre proceso racional e identidad, pero poco a poco iremos desenredando la relación y entendiendo; en realidad, entendiéndonos a nosotros mismos. Algo con lo que debemos familiarizarnos es que nuestra identidad puede, y lo hace, descomponerse en "capas" de identidades; es lo que energéticamente en la Unidad Existencial se reconoce como arreglo en "capas de cebolla". Una prueba de esto, aunque como una desviación, son las personalidades múltiples.

Continuamos.

Las diferencias de temperatura entre el ambiente y el cuerpo nos indican transferencias de energía entre el cuerpo y el ambiente.

¿Qué va ocurriendo en el cuerpo ante un cambio de temperatura en el ambiente?

El cuerpo recibe más o menos energía que la que necesita para funcionar bien, para actuar de la manera para la que ha sido creado o conforme a la evolución de la que proviene.

Notemos que no necesitamos saber nada de creación o evolución para sentirnos bien con respecto a la temperatura. Simplemente, nuestro cuerpo sabe lo que necesita saber, aunque no es consciente de sí mismo por sí solo; y nuestra mente, el proceso racional, ahora consciente de sí mismo, actúa para poner remedio a la situación incómoda, fuera del estado de sentirse bien, buscando minimizar esa diferencia que no puede hacer el cuerpo por sí mismo. El *cuerpo*, la entidad biológica, el arreglo energético, ahora "pide ayuda" al proceso racional, a la *mente* decimos, con la que conforma la trinidad, la entidad energética del ser humano, además del componente espiritual, *alma*, que es quién informa al cuerpo que su temperatura no está en armonía con la ambiente.

———

Entonces,

- Detecta el *cuerpo*, una dimensión energética del arreglo biológico sobre un sub-espectro de señales, el infrarrojo (térmico).
- Reconoce e informa la entidad espiritual, el *alma*.

  El nivel primordial de la entidad trinitaria en nuestro dominio de la existencia, *alma*, se manifiesta en el arreglo dentro del cuerpo, <u>en la inteligencia del arreglo energético</u> que define el *estado natural de sentirse bien* con respecto a este aspecto, temperatura ambiental. Este nivel informa a la identidad racional, al "yo", a la identidad cultural.

  El "yo" es la suma de todas las relaciones causa y efecto que definen la identidad del proceso SER HUMANO.

  Cuando una relación causa y efecto cambia, <u>cambia el estado de pulsación del arreglo de identidad</u> y ese cambio hace cambiar una estructura física que genera una orden física en alguna dimensión; en la mente da lugar a un pensamiento o una especulación, o en el cuerpo a un movimiento.

- Procesa la información el proceso racional, incorrectamente tomada como la *mente*, cuya identidad es el "yo". El "yo" procesa el cambio de temperatura experimentado en el desconformismo de la relación binaria *alma-cuerpo* para actuar, para elegir o decidir y enviar una orden, un comando al actuador, a otra dimensión del cuerpo.

  Nos abrigamos o desabrigamos, hacemos algo; incluso reajustamos la temperatura del cuarto, habitación o oficina en la que nos encontramos. La tecnología nos provee un medio para acomodar esas temperaturas, para reducir esas diferencias entre la temperatura ambiente de la habitación en la que nos hallamos y la de nuestro cuerpo.

Ahora bien, quizás se nos ocurre preguntarnos,

¿Cómo reconoce el cuerpo, un arreglo de átomos, la información desde una estructura a otro nivel energético, la información

---

64

que se reconoce como *temperatura*?

¿Cómo se hace el proceso racional consciente de sí mismo primero, y luego reconoce la información del cuerpo y la procesa?

Muy simple.

Otra estructura, primordial, nos provee la referencia consciente de sí misma, frente a la cual todo lo que nos excita nos es hecho saber a la *identidad cultural* en desarrollo de sí misma. Nuestra *identidad cultural* debe "escuchar" a su referencia, el *alma*, que es lo que usualmente muy poco hacemos y de la que seguimos solo algunas orientaciones fundamentales mandatorias, y no sin antes modularlas o afectarlas culturalmente.

Luego llegaremos a todo esto, conceptualmente, partiendo de la función simple, intuitiva, del control de temperatura de una habitación.

Por ahora notemos que hay una interacción entre tres estructuras energéticas en tres niveles o dimensiones energéticas diferentes.

También notemos que necesitamos una fuente externa de energía[c], que provea energía o la absorba, para adecuar la diferencia de temperatura de la habitación y el cuerpo.

Es lo que hacemos con nuestros sistemas de control de temperatura de la habitación; un compresor provee frío, un calefactor provee calor. Y no nos preocupen por ahora los detalles técnicos, si el frío del compresor absorbe calor; si el calor es mayor o menor movimiento electrónico en los átomos; no, no, nada de eso. Insistimos, el cuerpo solo reacciona frente a lo que tiene que reaccionar, gracias al arreglo inherente y su relación con el proceso del que proviene al que le llamamos *alma*, *espíritu* o *proceso primordial*, y que es parte del proceso universal al que no podemos negar, no importa si creemos en una Creación o en una evolución del proceso universal en el que estamos inmersos.

En cualquier nivel existencial en el que estemos manifestados siempre hay una fuente, o sumidero de energía, que necesitamos, además de la del entorno inmediato en el que nos encontramos manifestados.

Que nuestro cuerpo se sienta bien o no frente a la temperatura ambiente significa que el cuerpo responde a una referencia interna primordial.

La referencia primordial es provista, obviamente, por la entidad primordial: el alma, espíritu, o nivel primordial del proceso del que provenimos por Creación o por evolución. Esta referencia no depende de nuestra temperatura ambiente, lo que significa que se halla en una dimensión energética que no depende de la temperatura en este entorno del universo en el que ahora estamos presentes.

Podemos decir que la *inteligencia*, la característica del arreglo espacial y temporal de todos los elementos de la entidad energética, biológica, el cuerpo, es lo que estimula su reacción a la temperatura; sin embargo, necesita un valor específico o estado particular de su arreglo que sea la referencia y frente a la cuál reaccione todo nuevo estado que se desvíe de ella, de la referencia, haciendo algo que el proceso racional también detecte y frente al que reaccione, adecuada, inteligentemente, para minimizar, o anular la desviación.

La referencia es un arreglo particular de pulsación dentro de nuestra trinidad; arreglo que no es afectado por la temperatura ambiente dentro del rango de temperaturas bajo las que podemos vivir.

Notemos tres niveles de inteligencia interactuando entre sí para que la entidad trinitaria esté en armonía,

- el detector, el *cuerpo*;
- la referencia, el *alma*; y
- el comparador-procesador-actuador; el proceso racional, lo que ahora llamamos *mente*.

Hay tres funciones, y una de ellas, el proceso racional, es una secuencia de complejas actividades, de sub-funciones.

No obstante la complejidad inicial, podemos comenzar a diferenciar la trinidad básica en la estructura del ser humano, y en las funciones que cumplen esas estructuras.

La estructura de control primordial es una estructura trinitaria, inherente a la TRINIDAD PRIMORDIAL[Ref.(A).1]**, por lo que también lo son todas las estructuras de control en nuestro universo.**

Ahora bien. Dijimos que esos tres niveles de inteligencia deben estar en armonía.

¿En armonía con qué?

Con la Creación, si creemos en ella; o con la evolución del proceso del que proviene y en el que está inmersa, si creemos en evolución; o con ambas, si creemos en ambos mecanismos <u>que no se excluyen mutuamente</u>.

¿Quiere decir esto que hay una referencia immutable con respecto a la que se gobierna la Unidad Existencial, Todo lo que Es, Todo lo que Existe, cualquiera sea su origen?

Ya la mencionamos. Es el Espíritu de Vida.

¿Puede el hombre, el ser humano alcanzar esa referencia ahora, desde esta dimensión de la existencia?

Sí, ya llegamos a ella, y podemos entender si tenemos interés
Ref.(A).1

Enfaticemos, *si tenemos interés*, pues sin interés nada nos hará entender.

Una cosa es saber, tener la información, y otra cosa muy diferente es entender la información. Entender es conocimiento.

Ahora nos ocuparemos de lo que inmediatamente nos interesa y preocupa, el *sentirnos bien*, y la función de control del estado de *sentirse bien*.

Para introducirnos en el procesamiento de información que tiene lugar dentro de los sistemas de control del estado energético de un entorno energético vamos a la sección siguiente a revisar rápidamente la estructura en bloques del sugerido sistema simple de control de temperatura de una habitación.

Los científicos y técnicos deben detenerse en la nota que sigue. Los demás pueden saltearla si deciden hacerlo luego de comenzar a leerla; no obstante, se sugiere leer, pues hay aspectos fundamentales al alcance e interés de todos.

NOTA.

Para la Ciencia.

Procesamos información proveniente desde, o inherente a un sistema energético para controlar su estado energético con respecto a una referencia externa al sistema.

En este caso de control de temperatura de la habitación, el detector y el procesador de información <u>no pertenecen necesariamente al sistema energético a controlar (que es el aire dentro de la habitación)</u>; el sistema todo, que está *compuesto por el entorno energético a controlar (el ambiente de la habitación), la fuente de frío o calor (el sistema de freón o el calentador) y el sistema de control (el aparato electrónico)*, se cierra con respecto a una referencia energética por la que se conducirá a la habitación a un estado energético diferente de su estado natural con respecto al resto del universo, a la atmósfera de la Tierra. <u>Aquí tenemos que agregar componentes para controlar la habitación *hacia un estado fuera de su estado natural* con respecto al resto de la atmósfera en la que nos encontramos inmersos.</u>

Sin embargo, y separando para enfatizar,

en un proceso existencial dentro de un entorno cerrado con respecto al resto del universo en el que se encuentra, todos los componentes de información, la referencia, y el arreglo y algoritmo de control de proceso <u>son partes del entorno, son inherentes al entorno energético</u> sobre el que se establece, define y sustenta el proceso de control de sí mismo de ese entorno.

En otras palabras, y separando otra vez para enfatizar,

un trozo de material **es un entorno energético cerrado que se controla a sí mismo**, por sí mismo, dentro de un rango de temperatura del manto energético en el que se halla inmerso, rango para el que se establece, define y sustenta como un entorno cerrado con una función inherente que controla su cierre.

Si el entorno energético, la asociación, el material, se abre, se disocia a causa del cambio de temperatura, simplemente ha "trascendido" a otra dimensión energética, se integra a otra dimensión de asociación, visible o no por nosotros. Se torna líquido primero, y gas después. La información energética que le definía y sustentaba pasa a otra dimensión existencial. La energía que le establecía no se ha perdido, nunca; solo ha tomado otra configuración, en esta caso, una "nube" de moléculas o átomos no asociados y por lo tanto ya no visibles.

¡ATENCIÓN!

Igualmente ocurre con la estructura biológica de la trinidad humana.

Toda asociación material tiene una estructura trinitaria.

La materia, la asociación de unidades de energía, es de naturaleza binaria: es sustancia y movimiento; es asociación y cantidad de rotación, de carga universal. Y tiene una estructura trinitaria definida durante su formación por la convergencia de dos dominios energéticos interactuando en una interfase, en un medio energético de la Unidad Existencial. De manera que no es difícil visualizar la *estructura trinitaria de la Unidad Inteligente*, de la unidad de interacción de la Unidad Existencial[Ref.(A).1].

La materia tiene una estructura definida por,

- un dominio fuera de ella,
  es el campo gravitatorio infinitesimal que se desarrolla alrededor de la materia;
- un dominio de asociación dentro de la superficie del material; y
- la membrana que separa ambos dominios,

69

la <u>superficie del material que contiene el algoritmo de inter-acciones con la atmósfera</u> para mantener la diferencia de temperatura entre la materia y la atmósfera en cero, es decir, ambos dominios dentro y fuera de la superficie, de la "membrana de interacción" a igual temperatura siempre, luego de un intervalo de transición de cambio.

(a)
Dominio material es el rango de la exstencia, del proceso existencial, definido por lo que se alcanza con nuestros sentidos materiales (vista, oído, gusto, olfato, tacto); *dominio primordial* es todo lo demás, aunque es alcanzable a través de la mente, por el sentido de percepción. No hay nada inmaterial, todo es asociación de sustancia primordial de la que se generan las partículas primordiales; la asociación de las partículas primordiales dan lugar a las partículas de nuestro dominio, y sus asociaciones generan la materia.

(b)
Configuración binaria es definida por dos componentes,
- la distribución de sustancia primordial y sus asociaciones,
- la cantidad de rotación, de cargas universales.

(c)
¡ATENCIÓN!
PARA EL PROCESO QUE SE RECONOCE A SÍ MISMO, EL PROCESO SER HUMANO,

también se necesita una fuente de información, experiencias, para estimular el proceso racional frente a las experiencias que ya trae el alma. Esta fuente es el proceso existencial... ¡la vida!

Arreglo de Control Universal

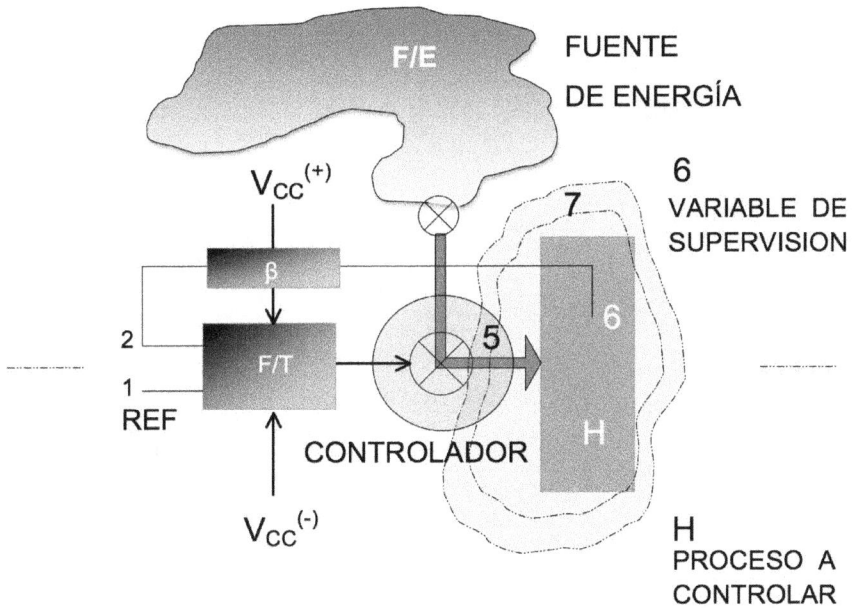

FUENTE
DE ENERGÍA

6
VARIABLE DE
SUPERVISION

H
PROCESO A
CONTROLAR

Figura V.

El arreglo de un sistema de control es inherente a todo lo que es, todo lo que existe. Toda manifestación existencial, asociación de sustancia primordial, tiene una estructura de control para mantener su identidad frente al resto del universo <u>dentro de ciertas condiciones dadas por el manto energético</u>. Ver sección VII, Control Universal.

Una roca, una asociación de átomos de silicio, tiene un arreglo de control inherente y <u>un algoritmo de control que se encuentra en su membrana de interacción</u>, en la superficie de la misma.

Ser Humano

Control del estado de sentirse bien

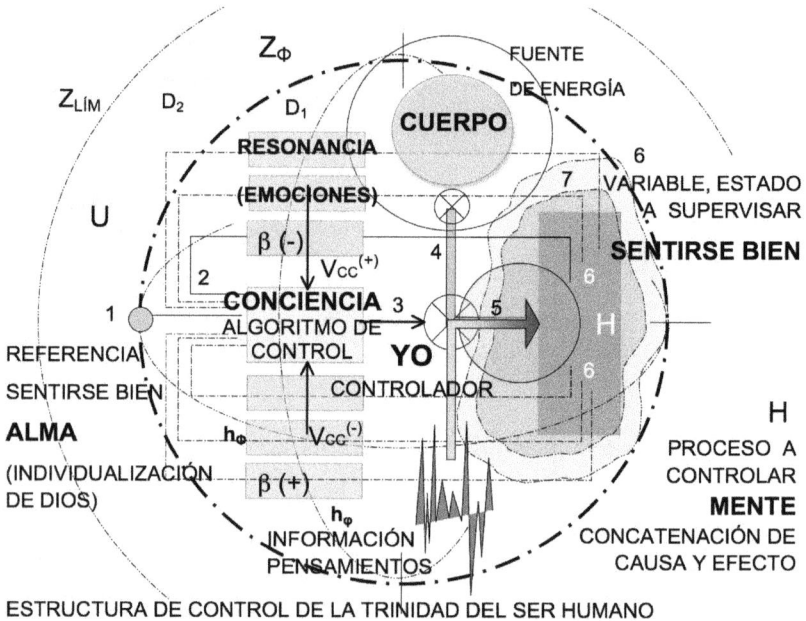

ESTRUCTURA DE CONTROL DE LA TRINIDAD DEL SER HUMANO

Figura VI.

La estructura de identidad cultural, el arreglo de relaciones causa y efecto del ser humano, es el algoritmo de control del estado de sentirse bien del proceso SER HUMANO que se establece y sustenta en la trinidad energética *alma-mente-cuerpo*.

Las emociones son resonancias que se realimentan para compararse con la referencia, el estado de sentirse bien. Ver la sección Control del proceso Ser Humano.

VII

Estructura de Control Universal en un proceso de intercambio de energía

Control de temperatura de una habitación

En las Figuras V y VI tenemos respectivamente los diagramas en bloques de los arreglos de Control Universal (que para el caso que vamos a ver es de control de temperatura de una habitación) y de Control del Estado de Sentirse Bien del Ser Humano.

La función de control de sí mismo es muy accesible, intuitiva; es natural al proceso existencial y a la especie humana en desarrollo de su consciencia. El problema que tenemos para asumir debidamente el control del estado de sentirnos bien de nosotros mismos y de creación y realización de nuestras experiencias de vida radica en los efectos sobre las identidades individuales por las distorsiones culturales introducidas por las consciencias colectivas de la especie y sus diferentes grupos sociales, las que no se han desarrollado siguiendo la orientación fundamental del proceso existencial del que provenimos, sino por versiones culturales limitadas y en algunos casos distorsionadas [Ref.(A).2].

En la aplicación tan simple de un sistema de control de temperatura de una habitación encontraremos que todas las características de la teoría de control desarrollada por el hombre, entre otras las de *controlabilidad, observabilidad* y *detectabilidad*, ya están naturalmente presentes en el ser humano, es decir, son inherentes a nuestro ser.

En otras palabras, el hombre, especie humana, no crea nada realmente nuevo sino que desarrolla aplicaciones locales, temporales, de la inteligencia existencial.

No creamos nada nuevo que no exista ya en el universo, en nuestro entorno local, temporal, del hiperespacio de existencia.

(Hiperespacio es espacio de múltiples dimensiones energéticas configurado en dominios, en sub-espacios con una característica particular, tal como una rapidez de evolución particular).

La inteligencia, la capacidad de interactuar con el universo, es inherente a la existencia y a todas sus manifestaciones en todos los entornos y dimensiones energéticas de la existencia.

La capacidad racional es inherente a la entidad energética trinitaria *alma-mente-cuerpo* del ser humano, y es una manifestación local del proceso existencial consciente de sí mismo.

Sólo hay una Consciencia Universal.

Las formas de vida superiores desarrollan la habilidad de acceder a la estructura de consciencia de sí mismo del proceso existencial del que somos sus individualizaciones locales temporales. El acceso a la Consciencia Universal tiene lugar por el proceso racional sustentado en los arreglos biológicos de las formas de vida superiores, y esto sólo si el proceso racional tiene lugar en armonía con el proceso existencial del que todos provenimos y somos partes inseparables. La armonía se consigue siguiendo las orientaciones primordiales de desarrollo del proceso racional.

Más adelante, en la próxima sección, destacaremos estos aspectos de nuestra inteligencia: capacidad racional, reconocimiento de sí mismo y consciencia.

Nos estamos introduciendo a una gran exploración de nosotros mismos, y por ello, aunque lo veremos en la próxima sección, adelantamos ahora lo siguiente.

EL CELULAR BIOLÓGICO

Cuando extendemos esta aplicación de control de temperatura de una habitación a la trinidad humana, vamos a controlar el proceso SER HUMANO que se sustenta en su arreglo biológico, y éste es la "habitación" del proceso; *el detector es un estado particular del cuerpo, es el estado emocional; la referencia es el alma; y la "membrana de interacción" (comparador, procesador, actuador) es el arreglo de identidad que es parte de la mente universal, de la mente de Dios.*

Nos costará un poco reconocer los componentes de la trinidad dentro de un complejo arreglo de intermodulación que tiene lugar en la entidad biológica. Pero tenemos que comenzar por algo y esta presentación nos abre un camino para comenzar a visualizarnos de otra manera, como unidades sub-procesos del proceso ORIGEN. No vamos a detenernos en aspectos de física o teoría de control; sólo los mencionaremos.

Veamos la Figura V.

Queremos una temperatura dada en el cuarto [7, H] y entonces aplicamos frío o calor desde una fuente externa [F/E] .

Tenemos un detector [6] de temperatura en el cuarto, y llevamos la indicación de esa temperatura a través de un transductor [β] (que re-arregla o acondiciona la versión de la *variable de supervisión*, la señal de temperatura que nos provee el detector [6]) hasta un comparador a la entrada del módulo [F/T] que es el procesador y controlador del sistema de control. El re-arreglo, al que llamamos realimentación [β], nos proporciona la señal [2] a la entrada de F/T. En esta ilustración, Figura V, el comparador es parte de la unidad procesadora F/T.

El comparador compara la señal [2] con la señal que representa a la referencia [1, REF] (la referencia es la temperatura que deseamos, supongamos que sea de 20 grados Celsius o 68 grados Fahrenheit), y la diferencia [2-1] se introduce al procesador [F/T]

---

que tiene la *Función de Transferencia*, la inteligencia de control o algoritmo de control. El procesador está diseñado para actuar frente a los cambios de temperatura [2] con respecto a la referencia deseada [1].

El procesador F/T procesa la señal diferencial de temperatura [2-1] y produce una señal para abrir o cerrar una válvula [5] que controla el frío o calor [F/E] aplicado al cuarto [7, H] desde una fuente de energía F/E.

Cuando la temperatura [6] en el cuarto [H] es la que se desea, cuando es igual a la referencia [1, REF], el procesador [F/T] recibe desde el comparador [2-1] una señal diferencia igual a cero, y entonces no produde ningún cambio, mantiene la válvula [5] de control cerrada (en realidad, la mantiene abriendo o cerrando a un ritmo que depende del algoritmo [F/T] de control, de cuánto se permita variar la temperatura diferencial [2-1] antes de abrir nuevamente, y de cómo se obtenga el frío o calor desde la fuente [F/E] para mantener la temperatura deseada).

En la habitación [H], lo que se controla es el estado energético de su ambiente dado por un aspecto del mismo: la temperatura.
NOTA.
Temperatura es la indicación de una característica de la asociación de moléculas que establece y define al ambiente o la atmósfera del cuarto; característica dada por la *relación entre la circulación y la rotación interna de los componentes del ambiente*, es decir, de las moléculas, átomos y partículas de la atmósfera del cuarto. Para una revisión del aspecto energético dado por temperatura, ver sección Temperatura en la referencia (A).1, Apéndice.

Para controlar el estado energético del ambiente del cuarto variamos esa relación indicada por la temperatura, introduciendo un cambio de energía; en realidad, es introduciendo aire que al ser enfriado o calentado tiene otra relación diferente de *circulación y rotación* entre sus moléculas y que al interactuar con la atmósfera del cuarto cambia la de éste al valor deseado. Para cambiar esta

---

relación de *circulación y rotación*, es decir, la temperatura, la introducción de aire frío o caliente al cuarto se controla por la válvula [5] de control de flujo de aire (a menudo mal llamada válvula de control de energía) de acuerdo con la salida del procesador [F/T], con el resultado del procesamiento de la señal diferencial [2-1].

Usualmente se considera que la *variable a controlar* es la temperatura de la habitación; sin embargo, la *temperatura es la variable de supervisión* mientras que la *variable a controlar es el flujo de energía entre la fuente y la habitación*. Tiene sentido. Nosotros actuamos directamente, por intermedio de la válvula de control [5] de la Figura V, sobre el flujo de energía que ingresa a la habitación desde la fuente F/E, y el sistema supervisa el estado energético resultante en la habitación midiendo su temperatura.

En la habitación tenemos un *volumen espacial constante* y un *volumen energético variable*. En ella necesitamos ya sea agregar o quitar energía, es decir, agregar o quitar cantidad de movimiento al volumen de atmósfera contenida por el cuarto, un volumen espacial que es constante pero no su energía, no su cantidad de movimiento o vibración.

La energía que se agrega a la habitación (o se extrae de ella) tiene lugar a través de un actuador, de una válvula [5].
Un controlador a la salida de F/T controla la válvula [5].
Si se trata de controlar un sistema de gas refrigerante, la válvula [5] es en realidad el mismo compresor de gas que se prende y apaga conforme la temperatura de la habitación varía alrededor del valor deseado. El algoritmo de control F/T incluye la temperatura diferencial que se permite y que determima cuándo se prende y apaga el compresor.
Estos arreglos de control se conocen como arreglos de control SÍ-NO [ON-OFF].
Los arreglos de control más elaborados para esta u otras aplicacions son sistemas de control continuo que controlan el cierre y

apertura de una válvula [5] de manera continua; o que controlan el flujo de energía alrededor de un valor medio para el que se tiene la temperatura deseada para el sistema dado.

Las dos fuentes constantes $V_{cc}^{(+)}$ y $V_{cc}^{(-)}$ en la configuración de la Figura V son para energizar el arreglo de control electrónico.

El arreglo de control es una configuración cerrada de flujo de procesamiento de información para controlar un flujo cerrado de energía.

El cierre del flujo energético no siempre es evidente, aunque lo es realmente y en conformidad con el Principio de Conservación de la Energía, una vez identificado apropiadamente el sistema completo de intercambio energético, incluyendo las "pérdidas".

Lo veremos brevemente un poco más adelante.

Ahora veamos que aún en nuestra aplicación tan simple tenemos un sistema de proceso energético y un sistema de control del proceso energético; ambos cerrados, y ambos tienen en común el estado energético en el detector [6].

El proceso energético es el proceso de flujo de energía que pasa por la habitación [H]; es el flujo de energía desde la fuente F/E hacia la habitación [H], a la atmósfera fuera de la habitación [H], y desde la atmósfera a la fuente F/E, pues F/E provino de la atmósfera o del manto energético y es parte de él (aunque lo haya hecho el hombre al poner el gas en un compresor).

El sistema de control de proceso tiene un flujo de información, también cerrado.

El cierre del flujo de información se obtiene a través de la realimentación [β] en nuestra aplicación.

La realimentación en los sistemas de control es negativa, es decir, se invierte la dirección de cambio que debe generar el procesador para corregir el cambio o desvío en el proceso que está

78

siendo controlado. El flujo de información del sistema de control debe ser inverso al flujo energético cuando se genera una desviación de temperatura en la habitación con respecto a la deseada; es decir, si aumenta la temperatura en la habitación hay que bajar la temperatura del flujo que se introduce (que se logra abriendo la válvula de admisión de aire frío). Esto es vital al revisar el efecto de las *actitudes primordiales* en el proceso SER HUMANO en la próxima sección.

La temperatura [6] de la habitación [H], que es la señal o la *variable de supervisión* del sistema de control de proceso, debe ser comparada con la referencia [1] a la entrada del sistema de control. Estamos realimentando el efecto en [H] de la señal de salida de [F/T], luego de haberlo pasado por el transductor [β] y llevándolo a la entrada del sistema de control, con lo obtenemos la señal de realimentación [2], y de este modo estamos cerrando el flujo de información en el sistema de control.

NOTA.

Para la Ciencia.

Debemos ver al sistema de control de temperatura del cuarto como un sistema de control en "paralelo" al sistema de control inherente al proceso natural de transferencia de energía entre entornos con diferentes energía (el cuarto y la atmósfera fuera de él).

Nuestro sistema cambia las constantes de tiempo, las rapideces de redistribución de los flujos energéticos naturales.

¡ATENCIÓN!

En nuestra aplicación.

Las funciones de detección, comparación y actuación sobre el actuador o la válvula [5] es parte de una unidad, de una "membrana" como veremos después, que separa los procesos de intercambio en la habitación [H] y el que define a la re-

ferencia [REF]. Es vital reconocer esta relación cuando revisamos la relación entre el proceso ORIGEN (Dios) como la referencia del sub-proceso SER HUMANO.

Algunas consideraciones adicionales.

Antes que nada,

tenemos un *sistema de interacción energética* entre tres entidades energéticas; sistema constituído por una fuente de energía indicada por F/E en la Figura V, la energía contenida por la habitación [H], y la atmósfera fuera de la habitación.

Si tenemos que agregar o quitar energía a la habitación es porque hay una interacción entre ésta y la atmósfera fuera de ella.

Así, el sistema energético interactuante en realidad es entre la habitación y atmósfera fuera de ella, y la fuente de energía F/E es parte de la habitación. Es lo que decimos, y se acepta conforme al concepto de interacción que enseguida revisamos. Sin embargo, la realidad es otra, y es tan importante que la destacamos de inmediato como sigue, y justificaremos luego,

El intercambio energético real es entre la fuente F/E y la atmósfera fuera de la habitación; sobre la habitación se controla la rapidez (indicada por la temperatura) a la que ocurre el intercambio entre F/E y la atmósfera fuera de la habitación.

Interacción significa acciones en dos vías, en dos direcciones; y aquí, entre la fuente F/E y la habitación, es siempre de una vía, es de la fuente F/E hacia la habitación. En cambio, entre la habitación y la atmósfera fuera de ella es en dos vías.

Erróneamente, en este caso de control de la temperatura de la habitación, se considera como sistema de intercambio energético al sistema [(F/E)-Habitación] y no hay tal intercambio sino siempre un flujo energético en una dirección. Hay un intercambio, sí, entre el aire introducido a la habitación y el de la habitación, en dos vías ya que uno cede energía y el otro la toma, pero con un flujo de e-nergía nueva en una sola dirección (mientras no haya cambios de temperatura fuera de la habitación).

Ahora la justificación de lo que remarcamos antes.

Revisado con más detalles veríamos que la realidad que percibimos y describimos del intercambio energético depen-de de la rapidez a la que estemos considerando que tienen lu-gar los intercambios. El intercambio entre F/E y atmósfera tie-ne lugar a una rapidez muy, muy lenta si no se abre la válvula [5], pero la abrirla, la habitación [H] cambia esta rapidez.

No vamos a profundizar en esto, pero entonces, ¿por qué pre-ocuparnos por señalar este "detalle" aquí?

Porque ocurre lo mismo, y más seriamente, en nuestro arreglo de control del estado de sentirse bien. No siempre reconocemos, identificamos y, o describimos adecuadamente los elementos que interactúan y la manera en que lo hacen.

Una unidad cerrada de intercambio energético es una *unidad binaria de intercambio de energía* en el que la energía total se mantiene constante si ambos componentes se encuentran perfec-tamente aislados del resto del universo. En el caso que nos ocupa significaría que la energía que cede la fuente F/E es igual a la que toma la habitación [H], y la energía total de la fuente y la habita-ción se mantiene igual. Esto no ocurre en nuestro caso pues hay una transferencia continua de energía desde la habitación hacia la atmósfera fuera de ella, y por eso es que, precisamente, nece-sita siempre de un flujo de aire unidireccional con mayor energía para ir reponiendo la energía que pierde hacia afuera.

Estas consideraciones de sistemas interactuantes cerrados o no (nada es absolutamente cerrado excepto la Unidad Existen-cial) es de gran importancia en el estudio de la fenomenología energética universal y <u>en las interacciones entre los componentes de la Consciencia Universal, Dios, y la especie humana universal</u> (no solamente la especie humana en la Tierra), pero no lo vamos a revisar aquí más allá de lo que acabamos de decir. Solo mencionemos adicionalmente en relación a esto algo que ya dijimos de otra manera: todo lo que se hace en un entorno existencial genera una redistribución de todo el universo, por una parte; y ningún pensamiento se pierde.

Cuando queramos tener una analogía entre las identidades primordial y cultural del ser humano, cuando queramos entender cómo afectamos nuestra identidad primordial con la cultural, recordemos lo siguiente.

El arreglo de control de temperatura de la habitación es algo que nosotros agregamos porque lo que deseamos es controlar un estado energético (el de la habitación) que no es natural, y por lo tanto, agregar un sistema de control es como variar el sistema de control natural que ya es parte inherente a la configuración energética conformada por la fuente, la habitación y el manto energético o atmósfera en el que ambos se hallan inmersos.

Nuestra identidad cultural se "agrega" a la primordial; luego, debemos hacerlo en armonía con ella.

Recordar que lo natural es que todo esté a la misma temperatura del manto energético; y que el desarrollo del ser humano ocurra en armonía con el proceso ORIGEN.

En nuestro caso de la habitación, dijimos que el *entorno energético a controlar* es el estado energético del volumen espacial de la habitación, del volumen de la atmófera que contiene la habitación; estado energético indicado por su temperatura.

Así lo hemos definido inicialmente.

Lo expresamos de otra manera ahora.

En realidad, lo que vamos a controlar es que la cantidad de energía que introducimos a la habitación sea igual a la que la habitación pierde hacia la atmósfera fuera de ella. Y este control es con respecto a la temperatura que se desea en la

habitación, o mejor dicho, con respecto a un estado particular de la energía en la habitación dado por la temperatura deseada.

¿Por qué es importante ahora esta distinción?

Si reconocemos que el estado energético que deseamos en la habitación es el óptimo para funcionar como seres humanos, entonces este estado es el natural, es la referencia con respecto a la que se hace lo que sea necesario para mantenerla. Es decir, no controlamos en realidad este estado de referencia sino todo lo demás para mantener este estado. Obviamente, si sentirnos bien es nuestro estado natural, entonces es nuestra referencia; vamos a controlar todo lo demás para mantener el estado de sentirnos bien. No vamos a controlar el estado de sentirnos bien pues es la referencia por la que actuamos para experimentar lo que somos y que indicado por la referencia. Parece un juego de palabras, pero debemos hacer un esfuerzo para entender. No controlamos la referencia, no controlamos el estado de sentirnos bien, sino todo lo demás para sentirnos bien. Sin embargo, culturalmente renunciamos a sentirnos bien, renunciamos a nuestra referencia natural influenciados por la consciencia colectiva cultural del grupo social al que pertenecemos.

El sistema de control de temperatura de la habitación tiene su *referencia*, en general alrededor de unos 20°C (Celsius o centígrados) o 68°F (Fahrenheit).

El cuerpo humano tiene su temperatura de referencia corporal de 36.8°C o 98.6°F.

Para esta diferencia de temperatura cuerpo humano (36.8°C) y ambiente (20°C) la trinidad *alma, mente y cuerpo* funciona de manera óptima.

Para mantener la temperatura de referencia deseada, también llamada *temperatura de ajuste del arreglo de control*, la habitación necesita agregar o quitar energía, calentar o enfriar; igual que el cuerpo. Ya veremos los elementos de control en el cuerpo humano; todos los elementos de la configuración universal de control que ahora estamos revisando rápidamente en esta aplicación tan simple, sin embargo universal, ¡están en la trinidad del ser humano!

Una vez más, necesitamos darnos cuenta que nuestro objetivo real, desde el primer momento, no era controlar temperatura sino lo que sea para mantener la temperatura que deseamos. Y en general, en nuestra experiencia vivencial, es lo mismo; hacemos lo que sea necesario para obtener y mantener lo que deseamos. Luego, en la vida real, para regresar a, y mantener el estado natural de sentirse bien es importante, entre otras cosas, identificar apropiadamente que lo que deseamos sea natural y no una distorsión cultural. Todos, absolutamente todos nuestros deseos tienen un origen primordial, pero también tienen sus variaciones culturales no siempre en armonía con el origen primordial.

Puesto que luego vamos a revisar la analogía entre esta aplicación del arreglo de control universal y la de control del proceso SER HUMANO, veamos las sub-funciones, también universales, que son parte de la función de control; son las mismas sub-funciones que llevamos a cabo en nuestro proceso de control del estado de sentirnos bien.

Tenemos cinco funciones en el sistema de control, a saber.

- *medición* de la variable de supervisión (la temperatura) por el detector;
- *transformación, adaptación,* en el transductor por el que se realimenta la señal para su comparación con la referencia;
- *comparación* con la referencia (la temperatura deseada);
- *computación,* procesamiento conforme al algoritmo, a la inteligencia de redistribución de energía en el proceso a controlar y de flujo de información en el controlador;
- *corrección* por la decisión, *actuación* a través del actuador;

sub-funciones que se completan con cinco elementos componentes del sistema de control,

detector; transductor; comparador; controlador; y actuador, el dispositivo de salida.

Usualmente en nuestros sistemas de control, el detector y el transductor vienen en una misma unidad.

Deseamos que la temperatura de la habitación esté fija a la temperatura de referencia (en el alma, en el ser humano); la temperatura de la habitación es mantenida a través del flujo de energía (en el ser humano es, además, flujo de información, experiencias de vida) por la salida del procesador (decisión) y controlador (el "yo" que ejecuta la decisión) ambos en una sola unidad indicada como F/T (que significa función de transferencia, algoritmo del procesador) que en el ser humano es el arreglo de identidad cultural.

La referencia orienta el proceso dentro del procesador, y cuya función de transferencia F/T significa la ecuación, el algoritmo matemático, la función que convierte la diferencia de temperatura en la señal que mueve el actuador, el que permite agregar o quitar energía al cuarto (en invierno o verano), que permite introducir aire caliente o frío a la habitación para compensar las pérdidas de energía dentro de la misma que ocasionan las variaciones energéticas, o los cambios en la temperatura que indican esas variaciones de estado energético. En el ser humano el algoritmo F/T es el complejo arreglo de relaciones causa y efecto que define su identidad cultural, temporal.

Notemos que el actuador cambia la estructura física, el arreglo de la atmósfera de la habitación al abrir o cerrar algo para que entre o salga energía, algo que normalmente no es considerado de esta manera, pero en la Tierra, por ejemplo, los actuadores son las dos estructuras de los polos que cambian la configuración de intercambio energético de la "habitación" Tierra. Lo que comanda el actuador es una fuerza con un potencial.

¡ATENCIÓN!

Para la ciencia.

El sistema de intercambio energético natural es una entidad binaria; es un sistema de intercambio entre dos entornos que ocurre inmerso en el manto energético que permite y sustenta el intercambio. Este manto es la "membrana" entre los dos componentes interactuantes; es la que tiene el algoritmo de intercambio entre ambos componentes. Que la "membrana" sea el manto es porque funcionalmente las propiedades topológicas del manto permiten que la "membrana" se extienda espacialmente, pero el manto define una "membrana" entre ambos entornos interactuantes.

Así, el sistema de intercambio tiene en realidad una estructura trinitaria: los dos entornos y el manto energético; o los dos entornos y la "membrana" entre ambos (manto U' en la Figura IV).

El sistema de control de intercambio es un sistema de flujo de información de control que también es una trinidad: *referencia, procesador, y detector*. El detector es, a su vez, la "membrana" entre el flujo de energía del sistema de intercambio energético y el flujo de información del sistema de control.

¿Qué nos dice todo esto?

Que en un sistema natural todo está embebido en la intermodulación del manto energético universal. El manto alberga los entornos que se redistribuyen en una dimensión energética, y contiene la función de control en sí mismo en otra dimensión; y hay un detector que es común a los entornos que intercambian energía y al manto... ¡en otra tercera dimensión! Este detector está en el manto y en las dos superficies que contienen a los entornos A y B, las superficies Z_A y Z_B de la Figura IV.

Lo mismo ocurre entre las trinidades de los procesos ORIGEN y SER HUMANO.

VIII

Estructura de Control
del proceso SER HUMANO

Control del estado de sentirse bien

Función de control embebida en el proceso de redistribuciones energéticas y de interacciones entre constelaciones de información.

Vamos a destacar al ser humano como una unidad de proceso de intercambios de energía, e interacciones entre constelaciones de información y de experiencias de vida. Estas últimas son también constelaciones de información existencial.

Incluso para quienes solo desean disfrutar la vida, y no introducirse en los aspectos energéticos del ser humano como una unidad de proceso, es necesario reconocerse como tal pues la función de control es una función primordial ejercida sin cesar, en todo y cada instante en la vida, consciente e inconscientemente.

El arreglo y función de control son inherentes a la estructura trinitaria *alma-mente-cuerpo* que establece y sustenta el proceso SER HUMANO como sub-espectro del proceso ORIGEN.

Más aún.

Toda unidad existencial, material o de vida, tiene un arreglo de control que es inherente a su estructura energética, a la asociación de sustancia primordial que la establece y define en todos sus niveles de asociación (partículas primordiales, átomos, moléculas y cristales y células) [Ref.(A).1]. Al final mencionaremos como una motivación adicional a las estructuras análogas de control de sí misma de una roca, y de la Tierra, de todo el planeta.

El proceso ORIGEN es conformado por todas las redistribuciones e intercambios energéticos que tienen lugar dentro de la Unidad Existencial que contiene al universo, y por todas las interacciones entre constelaciones o estructuras de información, y la comparación de experiencias de vida en diferentes dimensiones energéticas y de tiempo, que se redistribuyen a diferentes rapideces o constantes de tiempo.

Un sub-espectro del proceso ORIGEN es consciente de sí mismo. Es lo que llamamos FUNCIÓN EXISTENCIAL CONSCIENTE DE SÍ MISMA, o Consciencia Universal. Es Dios.

NOTA.

Insistimos a menudo en que nuestro universo es tan solo un entorno temporal de la Unidad Existencial que se alcanza desde la Tierra; es la hiper galaxia Alfa en la Figura I. Debido a la estructura energética de Zn no puede verse a Omega [Ref.(A).1].

Como una unidad sub-proceso del proceso existencial, el proceso SER HUMANO responde a la definición previa dada para el proceso ORIGEN, teniendo el proceso SER HUMANO a la estructura trinitaria como el "contenedor" del proceso SER HUMANO, contenedor absolutamente análogo a la Unidad Existencial ya que es un sub-espectro de Ella.

El ser humano trata de controlar, inconsciente y conscientemente, lo que sea que deba controlar para sentirse bien, para estar en el estado natural. De modo que saber qué debe controlar en sí mismo, por qué, y cómo, es inseparable de su propósito de regresar y, o mantener el estado natural de sentirse bien.

Es verdad que no necesitamos saber los detalles técnicos ni e-nergéticos de la configuración de control del estado de sentirse bien de nuestra identidad, pero sí debemos estar familiarizados con ciertos aspectos de la configuración y función de control.

Es como controlar o manejar un automóvil.

No se requiere saber todos los aspectos de ingeniería del automóvil, sino los que necesitamos para que nos conduzca seguros y a salvo adonde deseamos.

Pues de la misma manera, nuestra identidad consciente de sí misma es la que va a llevarnos a tener la experiencia que deseamos, y a realizar nuestra mejor versión de sí mismo a la que alcancemos... si sabemos cómo conducirnos o controlarnos a nosotros mismos. Quizás ya lo estemos haciendo muy bien en este momento, conforme a la visión del mundo, pero nos gustaría alcanzar la mejor versión de sí mismo frente al proceso existencial, y hacerla realidad; y eso, el reconocimiento de la mejor versión de sí mismo y su realización sólo tendrá lugar por la interacción con el proceso existencial, <u>interacción que es parte de la función de control natural de sí mismo del individuo</u>.

Tenemos el combustible, es decir, la energía para el cuerpo y la información, las experiencias de vida para la mente; y tenemos el acceso a las orientaciones primordiales para "manejarnos" o conducirnos en la vida.

Contamos con un "mapa" en las experiencias en memoria, y <u>contamos siempre con las orientaciones desde la estructura primordial</u>, a las que desafortunadamente no tenemos en cuenta a pesar de que entran siempre en la estructura de control. No las tenemos en cuenta, a pesar de ser eso, *orientaciones primordiales para nuestros desarrollos de consciencia y para las creaciones de las experiencias de vida*, debido a los efectos limitantes, inhibidores o distorsionantes sobre nuestros arreglos de identidad generados por la inducción recibida desde la consciencia colectiva, por sus orientaciones en desarmonía con las primordiales que introducen un efecto "filtro" en nuestro arreglo de reconocimiento de las señales que vienen del dominio primordial, del dominio e-xistencial que no se alcanza por los sentidos materiales sino por la mente.

¿Cuánto necesitamos entrar en nuestra propia estructura de control?

Tanto como sea necesario conforme a la experiencia de vida frente a nuestros deseos.

Los resultados que obtenemos nos indican qué tanto debemos continuar creciendo en el entendimiento de nosotros mismos. Precisamente, las experiencias de sufrimiento e infelicidades por las que pasamos se generan por el simple desconocimiento de nosotros mismos. No hay otra razón. Para todo lo que nos hace sufrir o experimentar la infelicidad o el sufrimiento tenemos alguna indicación primordial a la que no le prestamos atención por falta de consciencia, por ignorancia.

Nosotros, todos y cada uno, somos los interesados en tener las experiencias de vida que deseamos y hacer realidad nuestra mejor versión de sí mismo, ¿o no? No le vamos a preguntar a otro cómo nos sentimos frente a nuestra experiencia de vida. Nosotros somos quienes decidimos cuánto vamos a conocernos a nosotros mismos para mejorar nuestro funcionamiento como seres creadores de la experiencia de vida que deseamos. Aquí solo mostramos, aunque brevemente, que lo que nos hace falta está disponible y al alcance de todos.

¿Por dónde empezar?

Muy simplemente. Comenzando a vivir por las *actitudes primordiales*, a las que veremos más adelante en este libro.

Vamos a ver rápidamente los componentes de la estructura de control del estado de sentirse bien del ser humano, estado absolutamente fundamental para el creador de sus experiencias de vida, para el creador consciente, y para ello vamos a referirnos a la analogía del control de temperatura de una habitación que ya vimos en la sección previa.

Aspectos energéticos esenciales del proceso SER HUMANO que nos permiten visualizar nuestra conexión energética con Dios.

El aspecto más importante inmediato que conviene reconocer de esta conexión energética es que las mentes de Dios y la del ser humano están interconectadas. La especie humana tiene asignada un sub-espectro del proceso racional universal consciente de sí mismo, y cada ser humano tiene a su vez un sub-espectro de ese sub-espectro colectivo; es decir, el ser humano es un sub-sub-espectro del proceso racional universal.

Por otra parte, nuestros sentimientos no son nuestros sino que son estimulaciones de Dios, del proceso ORIGEN que reconocemos y a los que decidimos seguir o no con nuestra identidad temporal consciente de sí misma.

La interacción entre los sentimientos y las emociones son un aspecto crucial en la armonía entre los procesos racionales de Dios y el ser humano.

Las emociones son aspectos de Dios experimentados en el ser humano.

El ser humano es el proceso establecido y sustentado por la trinidad energética *alma, mente y cuerpo*; es un sub-espectro de la estructura TRINIDAD PRIMORDIAL que sustenta la FUNCIÓN EXISTENCIAL consciente de sí mismo del proceso ORIGEN, la que se reconoce como Dios [Refs.(A).1 y (B).(I).2].

La FUNCIÓN EXISTENCIAL es parte del proceso ORIGEN; es el sub-espectro consciente de sí mismo del proceso ORIGEN; es el "canal" del proceso ORIGEN que es consciente de sí mismo.

Estamos inmersos y somos partes inseparables del proceso existencial con el que interactuamos permanente e incesantemente, inconscientemente primero, luego conscientemente.

El ser humano es un proceso consciente de sí mismo que reconoce el ambiente en el que se encuentra presente, y se reconoce a sí mismo como una entidad independiente del medio en el que se halla presente. Independiente significa con voluntad propia por la que puede desplazarse dentro del medio en el que se halla, por su decisión.

El proceso SER HUMANO, como sub-espectro del proceso O-RIGEN, es un intercambio de energía, de arreglos de información existencial y de interacciones con otros procesos, con otros seres humanos, con las manifestaciones de vida universal, y con la fenomenología universal puramente energética. Tiene inteligencia o capacidad de interactuar con todo el resto del universo, y capacidad racional, capacidad de reconocer estructuras de información y establecer relaciones causa y efecto entre ellas. Tiene la capacidad no sólo de experimentar en sí mismo el proceso existencial sino de recrearlo. Dios se recrea a Sí Mismo a través de todas las especies de vida conscientes de sí mismas.

Estas capacidades son inherentes al ser humano.

El ser humano no crea inteligencia ni capacidad racional, sino que desarrolla la inteligencia y capacidad racional con la que viene, con la que es dado a la vida, a través de la interacción con el resto de la existencia y con otros seres humanos.

El ser humano no crea consciencia sino que desarrolla la que trae a nivel primordial.

El nivel primordial de consciencia es el estado de sentirse bien. A partir de esta consciencia desarrolla su identidad temporal, cultural, inducida por el grupo social de la especie al que pertenece. Luego, por su voluntad, mantiene esa identidad cultural o evoluciona a partir de ella.

Enfatizamos.

El ser humano no desarrolla consciencia sino que accede a la estructura de Consciencia Universal; y el acceso depende del desarrollo de su identidad temporal por la que susten-

ta las interacciones por las que puede expandirse a otros sub-espectros de la Consciencia Universal.

Vamos ahora a la Figura VI.

El control de identidad del ser humano es básicamente regido por el mismo arreglo que vimos para el caso del control de temperatura de una habitación, salvando la complejidad de los componentes en juego. Ya vimos que podemos establecer una analogía simple válida que nos permita introducirnos algo más profundamente en él.

Lo que controla el ser humano es su estado de sentirse bien en [H], en su arreglo de identidad, en el "cuarto" donde están las relaciones causa y efecto que definen la identidad temporal del ser humano.

El controlador [F/T] es la <u>conciencia</u> (no es con<u>s</u>ciencia); es el arreglo de principios y reglas culturales que conforma el algoritmo de control; es el arreglo cultural que se hace parte de la estructura de identidad cultural consciente de sí misma.

El controlador contiene al comparador que compara el estado de referencia (que es el estado primordial de sentirse bien que está en el <u>alma</u>, uno de los componentes de la trinidad humana) frente al estado emocional instantáneo que tiene el arreglo de identidad en todo momento.

Si el estado emocional es "negativo", si uno se siente mal, ese estado que se reconoce frente a la referencia, *frente al estado de sentirse bien primordial*, se procesa por la identidad consciente de sí mismo en [F/T] para generar un cambio en el estado emocional, en la salida [H], en el resultado del procesador **conciencia**.

Las emociones son estructuras de realimentación [$\beta^{(+)}$ y $\beta^{(-)}$] del estado de la identidad cultural [H] en todo instante que se compara con el estado de sentirse bien primordial en el **alma**.

La fuente de energía en el ser humano, aparte de la que entra como su alimentación, incluye parte de la radiación del manto en el que se halla inmerso, la luz solar y su pulsación (aunque no la

---

93

reciba directamente), y los pensamientos de la Consciencia Universal, pensamientos que se encuentran en la intermodulación, en el "entretejido" de la red espacio-tiempo del manto universal, en las distribuciones de partículas y pulsaciones que no son detectables por los sentidos ni por la instrumentación, sino por integración por todo el cuerpo, por el arreglo biológico.

El **cuerpo** del ser humano es la dimensión energética visible de la estructura trinitaria que sustenta el proceso SER HUMANO.

La estructura trinitaria es el "cuarto", la habitación o entorno energético que contiene todos los aspectos que definen la identidad primordial del individuo y sobre la que se construye la identidad temporal cultural.

La **mente** del ser humano es la intermodulación, es el "entretejido" de las vibraciones, pulsaciones que tienen lugar en toda su estructura biológica y que modula, afecta al manto energético en el que nos hallamos inmersos.

La piel es la antena del receptor-transmisor SER HUMANO.

¿Qué queremos controlar, exactamente, en nuestra estructura de identidad?

¿Cómo lo hacemos?

En el caso de la habitación queríamos controlar el flujo de energía para mantener la temperatura dentro de ella en el valor deseado y dado por la referencia.

En el caso de nuestra identidad cultural temporal lo que deseamos controlar es: **armonía entre nuestro proceso y el proceso ORIGEN; armonía que se indica por la consciencia de sentirse bien de nuestra identidad.**

En la habitación medíamos la temperatura con un detector cuya señal o indicación era precisamente la temperatura, aunque tal vez indicada indirectamente por el desplazamiento de volumen de una columna de mercurio o una señal eléctrica.

En el caso de nuestra identidad cultural temporal el indicador es sentirse mal. Sentirse mal es experimentar infelicidad y, o sufrimiento; es una indicación de desarmonía con el proceso existencial, con Dios, de Quién proviene la referencia, el estado de sentirse bien.

El arreglo de identidad cultural temporal tiene un estado que está o no en armonía con el proceso existencial, y esa armonía se indica por la experiencia de sentirse bien o mal. Y sufrir, sentirse infeliz, son estados "valores" de la "temperatura" por la que se indica esa armonía o falta de ella. No hay diferencia conceptual con lo que vimos, excepto que ahora tratamos con estados de estructuras de relaciones causa y efecto del arreglo de la identidad cultural temporal, que generan las experiencias que indican armonía o desarmonía con respecto al estado de causa y efecto de referencia, al estado que causa la experiencia de sentirse bien.

Frente a lo que nos hace sentir mal, experimentar el estado de "fuera" de sentirse bien, nuestro algoritmo de proceso, el arreglo de identidad cultural temporal, debe tomar una decisión y ejecutarla, tal como lo hacía el procesador F/T en el caso del control de temperatura de la habitación.

Hasta aquí estamos bien... pero, ¿qué decisión es la que debemos tomar, y cómo llegamos a esa decisión?

La decisión a tomar es sobre <u>la referencia a seguir para el proceso racional</u> frente al evento que nos hace sentir mal. Llegamos a esta referencia por experiencia, luego de muchos tropiezos, sufrimientos e infelicidades; o directamente, siguiendo las *orientaciones primordiales* que luego veremos.

En el caso de la habitación el procesador F/T tenía el algoritmo pre-diseñado.

En nuestro caso también hay un algoritmo pre-diseñado que son las respuestas enseñadas por el grupo social y las que resultan de nuestras experiencias previas, pero ahora no encontramos ni en el mundo ni en nuestro arreglo las orientaciones que nos ayuden a resolver el caso particular que deseamos. En este caso, el algoritmo cultural temporal debe crear una solución que no tiene en sí y que no encuentra en el mundo.

Notemos lo siguiente.

Algo ocurre y nos hace sentir mal.

La identidad cultural temporal, el algoritmo de control, reacciona frente a la referencia, al estado de sentirse bien frente al cual tiene una experiencia, un resultado que lo saca fuera de él. El flujo de información seguido es el que ya vimos. Frente a esta excitación el algoritmo de control busca dentro de sí mismo, de su memoria, cómo responder, y si es necesario revisa la referencia de proceso racional para actuar en ese caso. Esta referencia es su *conciencia* (no es la consciencia). Es decir, tenemos un estado de referencia de la trinidad, el estado de sentirse bien, y una referencia de proceso racional, la conciencia, el conjunto de principios y reglas de procesamiento de información y de interacciones.

Pero ahora el algoritmo de control no tiene en sí mismo alguna experiencia previa que le sirva de orientación, o no sabe si responde, si decide y actúa conforme a la conciencia íntima o a la de la sociedad a la que pertenece. O, como en muchos casos, el impacto, el efecto de una experiencia, le ha dejado confuso e incapaz de ordenar una respuesta por sí mismo; casos para los que antes que nada se necesita calmarse el algoritmo de control, el arreglo de identidad consciente de sí mismo.

Para avanzar desde aquí necesitamos estar más en claro con los elementos de nuestra estructura de control de armonía, o como decimos usualmente, del control del estado de sentirse bien del arreglo de identidad cultural temporal del proceso SER HUMANO.

Antes definamos nuestra identidad cultural temporal.

El arreglo de identidad cultural temporal es el juego de relaciones causa y efecto que vamos construyendo desde que salimos a la luz en este mundo, desde el instante en que dejamos el vientre materno.

Salimos a la luz y enfrentamos el primer evento traumático natural que pone en marcha el proceso racional en desarrollo de sí mismo.

La referencia primordial que seguimos desde el instante de salir a la luz en este mundo es el estado de sentirse bien, es el estado de consciencia primordial; y frente a ese estado comenzamos a aprender cómo responder a lo que nos saque del estado de sentirnos bien, primero inducidos y, o forzados por quienes nos atienden, y luego por nuestra voluntad al tener reconocimiento de sí mismo.

Es decir, tenemos dos referencias fundamentales,

- **el estado de sentirse bien de la trinidad que sustenta el proceso SER HUMANO, y**
- **la referencia del proceso racional para actuar para regresar a ese estado o mantenerlo.**

Ahora revisaremos los elementos de la configuración de control del proceso SER HUMANO. Esta revisión nos ayudará luego al explorar la interacción entre estos diferentes componentes en el proceso de controlar el estado de sentirse bien, y muy particularmente para ayudarnos a visualizar el efecto que tienen las *actitudes primordiales* en nuestro arreglo de identidad cultural temporal.

¡UN LLAMADO DE ATENCIÓN!

Cuando revisamos y evaluamos el sistema de control de temperatura de una habitación, nosotros podemos ver y seguir en el sistema de control la información, las señales que él maneja, además de experimentar en nuestro arreglo biológico (por el efecto de la temperatura) el resultado del algoritmo de control F/T. Pero cuando hablamos de controlar nuestro estado de sentirnos bien, las señales que tenemos y seguimos son nuestras experiencias, nuestros estados emocionales, y los sentimientos. No vemos nada dentro de nuestro cuerpo, no hay señales físicas que podamos seguir sino nuestros estados emocionales. Por supuesto que hay cambios energéticos dentro de nuestro arreglo biológico (hay liberación de enzimas, de portadores de información, cambios de pulsación o vibraciones en los arreglos celulares) pero lo que nos importa en el momento es responder a lo que sentimos. Es a lo que sentimos que debemos saber qué, y cómo hacerlo. Y lo que sentimos es resultado de mucha información vivencial y de experiencias, lo que no hace nada fácil ordenar toda la vasta información que se requiere para el proceso de control del estado de sentirse bien. No obstante la complejidad, tenemos ayuda. Si no prestamos atención, viviremos teniendo experiencias tras experiencias y ellas mismas nos irán llevando a desarrollar nuestro algoritmo de control particular, es inevitable; pero deseamos cambiar este proceso y "acortar" el camino de conscientización, de desarrollo del algoritmo de control de nuestro estado de sentirnos bien en cualquier y toda circunstancia de vida. Una vez más, ese algoritmo de control solo es posible incorporando las *actitudes primordiales*, no hay otra manera, y entonces quizás nos preguntamos lo siguiente: si esto es verdad, ¿por qué entonces no seguir de una vez esas *actitudes* y comenzar a reconstruir nuestro algoritmo de control del proceso SER HUMANO? Es verdad. ¿Por qué no hacerlo de una vez? Sin embargo, ahora queremos entender

---

cómo esas *actitudes primordiales* "entran" en el arreglo de control y nos conducen a cambiar nuestra experiencia de los acontecimientos y circunstancias vivenciales. Queremos saber cómo esas *actitudes primordiales,* actitudes de Dios, llegan y se incorporan a nuestro celular, a nuestra trinidad energética que establece y define nuestro proceso SER HUMANO. El sistema de control se define y lleva a cabo su función por la interacción ordenada entre todos sus componentes, no solo atendiendo a uno en particular. De la misma manera nosotros; y por eso, si realmente queremos entendernos como arreglo de control del estado de sentirse bien y como *celular biológico*, como instrumento de interacción con Dios de Quién provienen las *actitudes primordiales* por las que se rige Él mismo, es que debemos familiarizarnos con todos los componentes de nuestro arreglo de control que revisamos brevemente a continuación.

Elementos de la configuración de control del proceso SER HUMANO.

¿Qué debemos controlar en nuestra trinidad que nos define?

El estado a controlar es armonía con el proceso ORIGEN (indicada por estado de sentirse bien).

Debemos controlar nuestra reacción a las experiencias de vida en nuestra estructura de identidad cultural temporal, <u>impidiendo que el temor generado por el recuerdo de las consecuencias de experiencias pasadas, o predecibles por especulación racional, se constituyan en predisposiciones u orientaciones prevalentes del proceso racional</u>; debemos evitar estas predisposiciones o actitudes racionales negativas en el lazo de realimentación [β] del arreglo de control del estado de sentirse bien de la identidad cultural temporal. Estas actitudes negativas se suprimen actuando por las *actitudes primordiales*, como veremos luego.

La variable de supervisión es la emoción (el estado emocional, pues el proceso SER HUMANO es un superproceso, un complejo proceso multidimensional, "multi-capas"). Nosotros modulamos o afectamos las emociones primordiales con las generadas culturalmente, por lo que introducimos el efecto "filtro" en el arreglo de reconocimiento primordial y en el proceso racional.

La variable de control es el flujo de pensamientos. Los pensamientos negativos generados por las experiencias pasadas abren las puertas al temor cultural que nos conduce a referencias generadas en el temor y no en el estado primordial de sentirse bien.

Los pensamientos[a] son constelaciones energéticas, arreglos de información, de experiencias.

Las constelaciones de pensamientos originan las predisposiciones, y se constituyen hasta en referencias del proceso racional. De lo que pensemos es que vamos a tener resultado. Es lo que ocurre con creer. **Lo que se cree es una referencia del proceso racional.** El pensamiento, el proceso racional, se desarrolla para hacer realidad lo que se cree. Si creemos ser infelices, todo lo que procesemos y nos lleve a experimentar será eso, infelicidad.

Algoritmo de control es la *identidad cultural temporal* que se reconoce a sí misma.

Esta identidad se desarrolla a partir del instante de ser dado a la luz en este mundo, partiendo desde el estado de consciencia primordial; desde el estado de sentirse bien del que es "separado" el nuevo ser en el instante de ser dado a la luz como estimulación para poner en marcha el proceso racional por el que construye su identidad cultural, temporal, bajo la inducción de sus mayores, padres, quienes le cuidan, familia, miembros del grupo social al que

---

pertenece; y luego continúa por su voluntad.

Los detectores son los cinco sentidos materiales (*vista, oído, olfato, gusto y tacto*) y el de percepción por el que se detecta la estimulación primordial.

El comparador está integrado al módulo o arreglo de identidad pues el arreglo de identidad cultural está desarrollado, "construido" como una modulación del arreglo de identidad primordial, del arreglo (el *alma*) que define el estado de sentirse bien, que es, a su vez, la referencia del proceso SER HUMANO.

Referencia es el *alma*, la que en el cuerpo tiene la información del estado de sentirse bien, la consciencia primordial, y sobre ella tiene lugar la modulación cultural que constituye nuestra identidad temporal.

Las "desviaciones" (que no son necesariamente todas negativos), o mejor dicho, los cambios de estado de la identidad racional que se realimentan produciendo *diferencia de señal* (diferencia de estado) frente a la referencia son las cinco emociones primordiales (*amor, temor, pena, coraje y envidia*) a las que modulamos con las versiones culturales que dan lugar a nuestras *emociones culturales*.

Las emociones son estados de resonancia del arreglo de identidad del proceso SER HUMANO. Ver **Realimentación**.

La resonancia es una exuberancia energética que se libera (o requiere) frente a una circunstancia vivencial dada; es una amplificación (felicidad) o depleción (disgusto, infelicidad o sufrimiento) del estado de sentirse bien.

La modificación cultural sobre el arreglo de emociones primordiales que resulta en las *emociones culturales* es lo que luego inhibe o "filtra" la información primordial impidiéndonos la recepción, o mejor dicho, el reconocimiento y, o aceptación de las estimulaciones y, u orientaciones primordiales, de Dios.

Las *emociones primordiales,*
Amor, Temor; Pena, Coraje, Envidia, Ref.(C).1,
son aspectos de Dios en el ser humano.

El ser humano experimenta, siente en sí mismo estos aspectos de Dios.

Por estas experiencias el ser humano conoce los aspectos de Dios. Estas experiencias son excitadas por los eventos, por la fenomenología existencial, actuando sobre la estructura primordial de los aspectos de Dios impresos en el arreglo de las moléculas de vida, de las moléculas ADN de cada ser humano.

La estructura ADN resuena, vibra, oscila (se emociona, poco, mucho o nada), se mueve toda frente a las circunstancias de la vida para las que están diseñadas [o mejor dicho, frente a las circunstancias del proceso existencial a las que tuvieron lugar primordialmente en la dimensión Madre/Padre y se transfieren luego a la dimensión Hijo (especie humana) Ref.(B).(I).2].

NOTA.
Las resonancias o exuberancias energéticas de la estructura ADN es lo que nos permite traer desde las estructuras de memorias los recuerdos a partir de las palabras, de los símbolos; los pensamientos están asociados con esa estructura ADN, con los arreglos de memoria, y con la estructura de lenguaje. Las resonancias excitan esas estructuras y su información es tomada por el arreglo de identidad que las procesa, o no.

Posterior y culturalmente, estas cinco *emociones primordiales* y sus combinaciones dan origen a versiones, generando el gran espectro emocional humano.

NOTA.
Para la Ciencia.
Para un científico o ingeniero en electrónica que conoce de los arreglos resonantes en el sub-espectro electromagnético (ELM) con configuraciones discretas RLC (resistor, inductor, capacitor) en paralelo, es simple visualizar la analogía real entre la resonancia de una configuración ADN (aunque sea inmensamente grande) y las resonancias de los filtros RLC.

Los sentimientos son respuestas primordiales del alma, de nuestra "partecita" de Dios en nuestra estructura que nos sustenta como proceso SER HUMANO, que sirven de estimulación y orientación del proceso racional, de la identidad cultural temporal que se reconoce a sí misma del proceso SER HUMANO.

Deseos son estimulaciones primordiales sobre las que se generan las versiones culturales. A partir del deseo, de la estimulación primordial por hacer o tener algo (que es una motivación al proceso racional para desarrollar el ejercicio del poder de creación inherente a la especie humana) se generan las distorsiones culturales.

El deseo sexual es pefectamente natural, primordial, pero es nuestra creación cómo responder al deseo primordial.

Deseo es el comienzo de la creación.

Es el primer pensamiento, el gran sentimiento en el alma. Es Dios elijiendo lo próximo a hacer [Ref.(C).1].

Realimentación es la información del estado de la identidad cultural temporal que se lleva para comparar con la referencia para que el algoritmo de control [F/T], la identidad racional, tome acción frente a una desviación. Emociones son las exuberancias a realimentar modificadas [$\beta^{(+)}$, $\beta^{(-)}$]. Esta realimentación depende de las versiones culturales desarrolladas sobre las *emociones primordiales*.

Actitudes primordiales son predisposiciones de respuesta del algoritmo de proceso, del proceso racional que se reconoce a sí mismo, de la identidad cultural temporal (el procesador F/T). *Las actitudes primordiales* vienen a ser características de la realimentación del proceso racional, que se incorporan para armonizar su operación en relación con el proceso existencial del que proviene y del que toma esas actitudes o predisposiciones.

NOTA.

La realimentación en los sistemas de control es negativa, es decir, se invierte la dirección de cambio que debe generar el procesador para corregir el desvío en el proceso que está siendo controlado. Las *actitudes primordiales* proporcionan características e inversión de la "señal" que se requiere en la realimentación del efecto que se desea corregir en el estado de sentirse bien.

Fuente energética es conformada por los alimentos, luz (parte del sub-espectro de la radiación solar), agua, aire.

Fuente de información son las experiencias de vida diaria, las interacciones con la fenomenología energética y las manifestaciones de vida universal; las estructuras de memoria de experiencias e información; las estimulaciones primordiales, los pensamientos y la imaginación (por la que se accede a información desde el dominio primordial por trascendencia mental).

El proceso SER HUMANO, proceso racional, recibe un flujo continuo de información; este flujo es análogo al flujo de cargas eléctricas de un sistema de control eléctrico o electrónico.

Fuente de potencial diferencial de excitación del proceso racional (del procesador F/T) es la diferencia entre el estado de la identidad temporal y la referencia (la señal [2-1] vista antes); es la diferencia generada por la realimentación del estado emocional cultural comparada con la referencia correspondiente al estado emocional primordial.

NOTA.
¿Por qué hay elementos del sistema de control de proceso SER HUMANO que aparecen en el módulo de algoritmo (F/T) o de identidad cultural, temporal, y también en la referencia (tal como las emociones primordiales)?
Porque el arreglo de identidad es una estructura en "capas" de diferentes densidades de asociación (de diferentes potenciales de actuación) y diferentes constantes de tiempo (o con diferentes ve-

locidades, rapideces de respuesta).

El flujo o la corriente de circulación energética en la estructura biológica es el flujo sanguíneo.

El flujo de información es dada por la secuencia de vida misma; es el flujo de experiencias de vida.

¿Dónde está la estructura de identidad del proceso SER HUMANO, el arreglo de relaciones causa y efecto que define el algoritmo del proceso SER HUMANO?
En el cerebro, y en todo el cuerpo. La piel es parte del arreglo de proceso. Es el mayor detector.

¿Dónde está el Yo, el actuador del proceso SER HUMANO?
En el tálamo cerebral.

Las señales que convergen al *Yo* son los sentimientos y sus versiones culturales; las emociones primordiales y sus versiones culturales; los pensamientos; y las decisiones de la identidad cultural.

El cerebro es un transformador de señales. Transforma señales (vibraciones y pulsaciones) desde los sentidos en señales electroquímicas, en portadores de información; transforma las señales (vibraciones) asociadas con nuestro lenguaje en unidades de resonancia (de exuberancia energética) cuya naturaleza es electroquímica y que se conectan por armonía de frecuencias de pulsaciones (vibraciones) con la estructura de moléculas de vida, de moléculas ADN del cuerpo.

La piel del cuerpo humano es una "membrana" de interacción con el resto del universo[b].
La identidad temporal en todo el cuerpo tiene el algoritmo o la inteligencia de interacción y como resultado de su procesamiento modula la membrana. Es lo que hacía el módulo F/T visto antes,

cuyo resultado se aplicaba a la válvula o actuador [5] y de allí se permitía el ingreso de energía a la habitación [H]. Ahora el cuerpo, el *arreglo de identidad en su estructura de distribución espacial y pulsación de las cadenas genéticas,* decide y llega al Yo, y de allí modula su periferia, su piel, y ésta emite, radía, modula el espacio en el que se halla inmerso.

Las emociones que vimos son las experiencias de las respuestas de las *dos identidades, primordial y cultural temporal,* del individuo, del ser humano. Dependiendo de qué tan fuerte ha sido la inducción cultural es que predomina la identidad primordial o la cultural en la respuesta a una circunstancia vivencial, y cómo vaya a ser llevado a cabo el resultado del proceso de esa respuesta emocional. Ese resultado modula la piel, y ésta radía el resultado.

Identidad primordial.
Estructura resonante primordial.
Modulador y demodulador de la información existencial.

Identidad cultural temporal.
Algoritmo de control del proceso SER HUMANO.

Llegamos a esta manifestación de vida con una distribución particular, única para cada uno, de moléculas de vida, de las moléculas ADN en las cadenas genéticas de todo nuestro arreglo biológico.

La distribución espacial tiene inherentemente una distribución de vibraciones o pulsaciones de todo el arreglo ADN que lo define como un colosal sistema resonante[c] primordial que es absolutamente análogo, salvando la colosal complejidad, a nuestros sistemas resonantes electrónicos o sistemas RLC [Resistivo(R)-Inductivo(L)-Capacitivo(C)]. Todos los componentes ADN están vinculados por sus pulsaciones en fase por lo que conforman un sistema resonante cerrado de baja frecuencia de pulsación. El sistema cerrado es una superficie cerrada, la piel, que pulsa a baja frecuencia, pero está modulada por trillones de elementos de resonancia, las moléculas ADN, haciendo de esta piel una extraordinaria antena receptora-emisora con una colosal capacidad de modulación del manto energético en el que nos hallamos inmersos y del que somos partes interactuantes inseparables aunque todavía no seamos conscientes de toda la información que emitimos y recibimos a través de ella.

La piel, membrana de interacción del proceso SER HUMANO, es una colosal antena receptora-emisora.

La distribución de moléculas ADN y de las cadenas genéticas con que llegamos o somos dados a la luz en este mundo conforman nuestra identidad primordial.

Esta estructura es la que reacciona a todas las excitaciones desde el universo fuera de ella, desde el universo en cuyo manto energético se encuentra inmersa; reacciona a todas las vibraciones del dominio material que sensa con los sentidos materiales; y reacciona a las vibraciones que provienen del dominio primordial, del dominio que es parte del manto energético en el que estamos inmersos pero que no detectamos con los sentidos materiales sino por su integración por todo el cuerpo, por toda la estructura ADN, por todo el sistema resonante natural ADN del *celular biológico* del proceso SER HUMANO; reacciona al calor, presión, temperatura ambiental; reacciona frente a las necesidades energéticas del arreglo biológico y de información del arreglo que permite y sustenta el proceso racional que va a reconocerse a sí mismo. Todas estas reacciones estimulan el proceso racional inherente al arreglo biológico del recién nacido, el que llora y llama la atención de quienes le cuidan y atienden. Procesa poco a poco todo lo que recibe desde quienes le cuidan, y comienza a construir el arreglo de causas y efectos, el *arreglo de identidad cultural* que queda superpuesto o modulado sobre el *arreglo de identidad primordial* (arreglo para reconocer el estado de sentirse bien), sobre la estructura ADN con la que llegó y fue dado a luz.

Las reacciones, los excesos, exuberancias o depleciones energéticas de esta estructura son las resonancias, las *emociones*.

Las emociones se realimentan al proceso racional que tiene lugar en la estructura de identidad, a través de los "transductores" (análogos al módulo [β] del control universal antes visto) que condicionan culturalmente las emociones experimentadas antes de ser comparadas con las naturales, primordiales, de la referencia, que corresponden al estado primordial de sentirse bien del SER HUMANO. Las funciones de estos "transductores" [β(+) y β(-) en la Figura VI] incluyen luego a las *actitudes primordiales*, cuando decidimos hacerlo.

En la Figura VI hemos puestos a las resonancias (emociones) como las realimentaciones [β] sólo para enfatizar que ellas se realimentan a la entrada del módulo de *identidad cultural temporal* [F/T], pero ya dijimos que esas resonancias tienen lugar en la misma estructura de identidad cultural temporal, a la salida del proceso continuo desde el módulo [F/T]. Entonces, ahora introducimos la noción de *componentes del proceso racional consciente e inconsciente; continuo e intermitente*. El proceso *continuo* es mayormente *inconsciente*; es el que va teniendo lugar sin razones para atenderle conscientemente; es el proceso que incluye las funciones naturales autónomas que tienen lugar en un sub-espectro de consciencia al que no alcanzamos con nuestro sub-espectro de consciencia. El proceso *consciente* contiene las componentes emocionales *intermitentes* que estimulan y requieren de nuestra atención y procesamiento consciente. Una vez más, el módulo de identidad del proceso SER HUMANO es un complejo arreglo de causas y efectos en una estructura "multi-capas", en "capas de cebolla", tal como ocurre en la estructura primordial de la Unidad Existencial [Ref.(A).1].

Trinidad del proceso SER HUMANO.

Tenemos una sola estructura biológica, un solo cuerpo, pero éste es sólo un componente de la trinidad *alma-mente-cuerpo*. ¿Cómo visualizamos los otros dos componentes de los que introducimos una analogía en una sección previa?

El *alma* es una "partecita", un aspecto de Dios, de la estructura primordial de la que provenimos y nos precede. Esta "partecita" o aspecto de Dios está en el arreglo ADN, así como las partículas primordiales están en las partículas materiales como vimos en la analogía de la sección IV, Trinidad Energética. La *mente* es la modulación del manto energético sobre el que se distribuye el a-rreglo biológico, del manto energético que llena todos los intersticios entre todas las moléculas que conforman el cuerpo humano. El *proceso racional* es la interacción entre los arreglos naturales que definen la identidad primordial y los re-arreglos culturales.

Los arreglos naturales (la distribución natural con la que llegamos a esta vida) que conforman nuestra identidad primordial es nuestro dominio primordial de la estructura trinitaria sobre la que se sustenta la componente primordial del proceso SER HUMANO.
Los re-arreglos culturales que conforman nuestra identidad cultural temporal es nuestro componente cultural del proceso SER HUMANO. Estos re-arreglos tienen lugar sobre el arreglo primordial con el que llegamos, en el arreglo ADN.

¿Dónde está el arreglo de referencia una vez que el arreglo primordial con el que llegamos a esta manifestación temporal en la Tierra es afectado por la cultura?
En el hipotálamo, siempre.

Ahora sí.
Tenemos un dominio primordial en el hipotálamo y un dominio

cultural temporal (que es desarrollado en este dominio material) en el resto del cuerpo, en el arreglo ADN del cuerpo.

Entre estos dos dominios se extiende la membrana del proceso SER HUMANO, la mente, la que contiene la modulación del manto energético que resulta de las interacciones entre los arreglos de identidades primordial y cultural. Obviamente, ahora nuestra identidad es predominantemente cultural temporal mientras no nos desarrollamos por la orientación natural que veremos luego, por *amor primordial*, sino por temor.

Desde el punto de vista de estructuras de proceso, nuestro cuerpo, y fundamentalmente nuestra piel, es una <u>membrana entre el dominio primordial en el hipotálamo y el resto del universo fuera de ella</u>.

Por eso debemos buscar a Dios dentro nuestro, y no fuera de nuestro cuerpo; aunque fuera de nuestro cuerpo se extiende el resto de Dios, pero dentro nuestro está Su "partecita" que nos corresponde y por la que se establece y sustenta el proceso que nos define, que nos hace Quienes somos.

Visualizar nuestro cuerpo como la membrana de la trinidad del proceso SER HUMANO es más simple si nos "observamos" apenas somos concebidos.

El óvulo (mayormente ocupado inicialmente por lo que luego es el hipotálamo) va creciendo espacialmente, desarrollándose la función existencial que contiene, gracias a la interacción entre él y el resto del universo, en este caso todo lo que le llega a él desde su madre biológica cuando se encuentra en el vientre materno, inmerso en el fluído primordial para él, en el fluído amniótico (un fluído análogo al fluído primordial).

« Estás en Mi Vientre ».

La membrana, la piel toda, incluyendo los sentidos, es el instrumento de interacción entre el sub-espectro del alma que define primordialmente al nuevo ser humano y se materializa en el hipotálamo, y el resto del universo. Luego, la piel como membrana de proceso, de la función existencial que se reconoce a sí misma, va incluyendo el resto del cuerpo que se va desarrollando entre el hipotálamo y ella, la piel, la membrana de interacción.

La membrana[d] es la estructura energética media de la trinidad que contiene la identidad primordial en el hipotálamo, y sobre ella va "creciendo" su réplica funcional en el cuerpo, va creciendo su espesor (el cuerpo), y sobre esa réplica que va creciendo es que se va a desarrollar luego la versión que constituirá la identidad temporal como re-arreglos de la estructura de resonancia ADN. El cuerpo todo tiene una frecuencia de vibraciones común, una frecuencia portadora sobre la que se modulan las de todas las estructuras moleculares y celulares que la conforman; es la portadora de la *identidad cultural, temporal*. Y hay otra frecuencia portadora particular que corresponde a la función en el hipotálamo que define a la *identidad primordial*. Esas estructuras portadoras del proceso SER HUMANO son en realidad sub-portadoras de la estructura en "capas de cebolla" de la Unidad Existencial sobre la que se sustenta el proceso ORIGEN, proceso existencial cuya consciencia de sí mismo, la Consciencia Universal, es Dios; de la estructura que extiende a través del manto energético universal.

Las interacciones entre las identidades primordiales en el alma y la identidad cultural en el cuerpo definen la identidad del proceso racional que tiene lugar en la mente.

No hay una estructura de identidad fija sino que es un arreglo de identidad que varía alrededor de una identidad media, o se desvía de ella; esta identidad media es la de referencia, es la primordial.

Si queremos entender esta estructura necesitamos adentrarnos más en ella, partiendo desde la estructura de Dios, o del universo, pues, paradójicamente, es más simple por las dimensiones energéticas y espaciales de las que tenemos mejor visualización; pero, al mismo tiempo, necesitamos saber algo de señales y sus interacciones, particularmente del aspecto de modulación de señales, pues de eso se trata todo, de modulación de asociaciones que pulsan, vibran. Hay algo que nos ayuda: es el hecho de que funcionalmente el proceso de interacciones entre estructuras de información que resulta en la consciencia de sí mismo del proceso no depende de la configuración espacial sino del flujo de interacciones en la configuración, y ese flujo depende de las densidades de asociación y sus pulsaciones. Así, por ejemplo, en la Figura VII, abajo, podemos ver una configuración de dos estructuras de identidades interactuando; una estructura (ALFA) representa a la identidad primordial, el alma, y la otra (OMEGA) a la identidad cultural temporal. En la Figura VII vemos a ambas identidades separadas; pero ahora, aplicando lo que sabemos de interacciones entre estructuras electromagnéticas podemos visualizar rápidamente esta interacción que tiene lugar en un manto energético en el que todo está mezclado para nuestros sentidos (identidades ID_1 y ID_2 a la derecha). Leer texto en la Figura. No necesitamos más detalles por ahora.

No obstante toda la información disponible,

¿Por qué se nos complica tanto visualizar la identidad del proceso SER HUMANO cuando revisamos lo que ya sabemos en otros sub-espectros energéticos, en el sub-espectro electromagnético (ELM) por ejemplo?

Porque la mente también tiene una estructura trinitaria, no solo el cuerpo; y porque nuestra alma, uno de los tres componentes de nuestra estructura trinitaria es, a su vez, parte del alma de la TRINIDAD PRIMORDIAL, de Dios.

La consciencia es resultado de las interacciones entre dos superestructuras trinitarias interactuando en un manto energético. Es lo que se nos trató de decir en realidad cuando recibimos la orientación de que *"Dios hizo el universo en siete días"*. Dios no se refería a siete días sino a siete dimensiones energéticas de la estructura de Consciencia Universal.

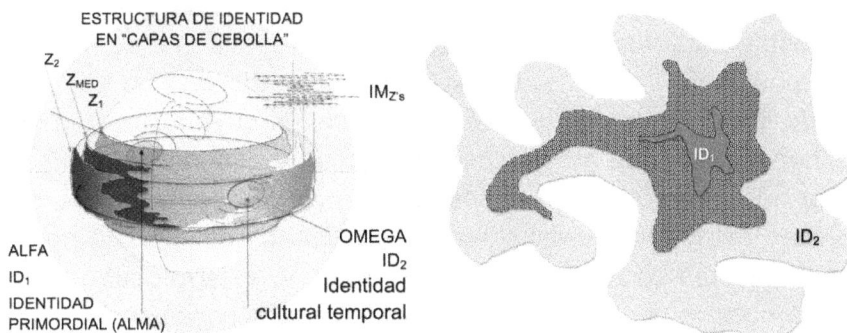

ESTRUCTURA DE IDENTIDAD
EN "CAPAS DE CEBOLLA"

Z_2
Z_{MED}
Z_1
$IM_{Z's}$

ALFA
ID_1
IDENTIDAD
PRIMORDIAL (ALMA)

OMEGA
ID_2
Identidad
cultural temporal

ID_1
ID_2

Figura VII.

A la izquierda,

la identidad media es la que se extiende sobre la capa Z_{MED}.

Las estructuras de identidades primordial (en Z_1) y cultural temporal (en Z_2) son en realidad arreglos o constelaciones (los óvalos ALFA y OMEGA) de relaciones causa y efecto en diferentes sub-espectros de densidad de asociación de moléculas y frecuencias de sus pulsaciones. Por ejemplo, si vemos una estructura nubosa en el universo (detalle a la derecha) y tiene diferentes colores, un color es una "sub-identidad" de la estructura o de la "nube", y otro color es otra "sub-identidad", y entre ambas interactúan generando otras asociaciones en otros colores, pero todo es parte de la misma estructura nubosa.

Las interacciones entre ambas identidades modulan el manto energético entre ellas. Es la mente, la intermodulación $IM_{Z's}$ (entre Z_1 y Z_2).

A la derecha,

las identidades ID_1 e ID_2 son dos "colores", dos densidades de asociaciones diferentes de una nube de asociaciones.

Una de las serias limitaciones que tenemos para visualizarnos en nuestra propia estructura energética es que nos desarrollamos limitados a nuestro universo, el que alcanzamos con los sentidos materiales. No tratamos realmente de visualizar la estructura e-nergética del universo en el sub-espectro al que no llegamos con nuestros sentidos sino con la mente y sólo si prestamos atención a los patrones universales. Referencia (A).1, Apéndice. De manera que por ahora, para nuestro propósito inmediato, introducirnos a nuestra estructura como *celular biológico* y a la interacción íntima consciente con Dios, seguiremos pensando en dos estructuras de identidades como las de la Figura VII cuyas interacciones definen la identidad media sobre la mente, y esa identidad media es la que interactúa con el resto del universo, comenzando con quienes comparten nuestro medio. El alcance de nuestra mente en el universo depende de nuestra referencia del proceso racional. Si nuestra referencia es la referencia de la consciencia colectiva de la especie en la Tierra, es obvio que nuestro desarrollo se limita a ella; pero si la referencia es la Unidad Existencial, entonces el alcance de nuestra mente se expande a la Unidad Existencial. ¿Cómo entendemos esto energéticamente? Tenemos cómo saberlo; tenemos información suficiente para ello, pero no necesitamos entenderlo si solo deseamos interactuar con Dios, con el u-niverso... hasta que deseemos entender por qué el mundo es como es y por qué sufrimos y experimentamos infelicidad a pesar de creer en Dios. Pues... creer no es suficiente; hay que vivir lo que se cree; y si se quiere entender, hay que ponerse a entender [Ref. (A).2].

Una vez que visualizamos que el reconocimiento de sí mismo y la consciencia, o entendimiento del reconocimiento, tiene lugar en la mente, en la intermodulación, en el 'entretejido" del manto e-nergético universal, en la red espacio-tiempo, entonces nuestra trinidad tiene un módulo *detector-comparador-procesador* en la *mente* que detecta lo que ocurre en el *cuerpo* (las emociones) y compara esos efectos en el cuerpo con la referencia en el *alma*; y frente a todo el resto de información en la estructura primordial, el efecto es "bueno o malo", genera placer o mantiene el estado natural de sentirse bien o no; si no es así, el procesador que se reconoce a sí mismo, la identidad cultural temporal, busca cómo ir hacia donde desea. Todo esto es absolutamente primordial, es decir, es un proceso que responde "automáticamente" a regresar a, o mantener el estado de sentirse bien[e] ; y a disfrutar, para lo que hace uso de su poder de creación... hasta que deja de encontrar cómo hacerlo, o cómo regresar al estado de sentirse bien, de lo que hablaremos pronto, en la parte Cultivando la Interacción Consciente con Dios.

¿Qué controla realmente la identidad cultural temporal del proceso SER HUMANO?

Revisitación.

La identidad cultural temporal del proceso SER HUMANO controla el flujo de pensamientos frente a la experiencia vivencial.

A nivel primordial, el sub-proceso SER HUMANO es un generador (emisor) y receptor de pensamientos. El sub-proceso SER HUMANO es una unidad de intercambio de pensamientos, parte o componente del sistema binario de interacciones [*Madre/Padre-Hijo*] por el que se sustenta la Consciencia Universal, Dios.

En un sistema resonante electromagnético RLC el sistema resonante, el oscilador, mantiene un flujo de cargas eléctricas, un flujo de unidades de información elemental, de cantidades de rotaciones. Pues aquí, algo más complejo, el flujo de información a mantener y controlar es el flujo de pensamientos. Del flujo de pensamientos proviene la información para restaurar el estado natural del sistema "resonante" SER HUMANO, o para crear algo por lo cual disfrutar su consciencia de placer.

Ahora podemos visualizar por qué del flujo de pensamientos depende nuestro estado de sentirnos bien y de la creación de las experiencias de vida que deseamos. Ya sabemos que la ley de atracción universal se aplica a todas las estructuras energéticas, y los pensamientos son constelaciones de información y de relaciones causa y efecto, y estas relaciones causa y efecto se asocian con sus "similares", negativas o positivas para las situaciones para las que se generan o invocan los pensamientos.

¿Cómo se asocian los pensamientos a la estructura de identidad, del arreglo de causa y efecto del proceso SER HUMANO?

Veamos la siguiente analogía.

Escuchamos una pieza musical. Nos gusta. Queda en nuestra estructura de memoria.

¿Dónde creemos que se memoriza esa pieza musical que reproduce los sonidos dentro nuestro cuando la recordamos con el pensamiento, cuando la traemos a la consciencia con el pensamiento? El pensamiento tiene un rótulo de pulsación que al evocarlo vibra con mayor amplitud y excita la estructura de memoria de donde se "reproduce" lo que está grabado por resonancia (que veremos en la próxima sección).

Si solo tenemos a las unidades o moléculas ADN que resuenan, que vibran al compás de la excitación,

¿Por qué no suenan todo el tiempo?

Porque se imprimen de la misma manera que un disco de los antiguos: codificando la secuencia de longitudes de onda y magnitud sobre una espiral en tres dimensiones dadas por los arreglos ADN (una mini-constelación de información). Hay que excitar el "disco" para que suene lo que está grabado en él. El recuerdo (la experiencia o música grabada) y la palabra, el símbolo del lenguaje, están conectados; y todos responden por vibración. La palabra es una hebra de sonidos codificados, no como una hebra SI/NO de las computadoras, sino una hebra ADN, *una estructura particular de pulsaciones en un arreglo de unidades ADN*. Si el arreglo ("disco") que contiene la pieza musical o la canción se estimula o excita al mencionar o pensar en la palabra o el símbolo asociado a la canción, ese "disco" resuena y lo "sentimos" en nuestra estructura de consciencia; y si hay una emoción particular que se asocia a ella, esa experiencia emotiva se revive a otro nivel energético en la estructura ADN toda del cuerpo, o de la sección asignada a ella.

El proceso existencial se sustenta sobre una estructura trinitaria, la TRINIDAD PRIMORDIAL.

Revisitación.

Esta estructura está a nuestro alcance [Ref.(A).1].

En esta referencia podemos visualizar dónde están los componentes de la TRINIDAD PRIMORDIAL *Padre-Hijo-Espíritu de Vida (Espíritu Santo)* en la Unidad Existencial, e introducirnos a la expresión matemática que describe, energéticamente, a esta estructura (por Series de Fourier).

En cada componente de la TRINIDAD PRIMORDIAL se sustentan tres sub-funciones de la función o proceso de redistribuciones energéticas, por una parte, y *de interacciones entre componentes de la estructura de consciencia,* por otra parte, en tres rapideces o constantes de tiempo diferentes que dan lugar a nuestra consciencia relativa de pasado, presente y futuro. El proceso racional (sobre la mente) tiene lugar en el <u>eterno presente</u>; en el alma está la información del <u>pasado</u> (del proceso del que provenimos) y el protocolo de interacciones con el proceso ORIGEN para acceder a la información del <u>futuro</u>, hacia donde evolucionamos, Dios. Hacia dónde evolucionamos está hoy, ahora mismo, en el eterno presente, aunque en otra dimensión del proceso existencial del mismo proceso en el que estamos inmersos y del que estamos siendo partes inseparables siempre.

Las sub-funciones primordiales de la FUNCIÓN EXISTENCIAL CONSCIENTE DE SÍ MISMA son supervisión [*cuerpo*]; referencia [*alma*]; y control (detección/comparación/procesador) [*mente*].

Las sub-funciones trinitarias primordiales se extienden a nuestra asociación de la especie humana para conformar una unidad de consciencia. En la civilización de la especie humana en la Tierra, en la estructura de sus asociaciones estas sub-funciones son: *Judicial (referencia), Legislativa (supervisión) y Ejecutiva (control).*

Notemos que no importa qué tanto nos esforcemos no resulta simple separar sub-funciones en un proceso complejo, pero siempre tenemos claro el propósito del proceso: mantener su resultado como una versión de la referencia dada por el "transductor", por el algoritmo de realimentación (al que llamamos [β] en las Figuras V y VI).

Antes de pasar a la sección Visualización de la Relación Energética Dios-Especie Humana señalamos una vez más que <u>la estructura de control es inherente a todo lo que es, todo lo que existe</u>; la función de control de toda y cada manifestación existencial es un sub-espectro del Algoritmo Existencial al que nos referiremos en la siguiente sección. En las referencias contamos con aplicaciones simples y complejas de la Configuración de Control de Sí Mismo del proceso existencial, de Dios, tales como las siguientes,

Para Todos,

Control de temperatura de una roca, en el que el algoritmo de interacción está en la superficie de la roca, la que vemos que se expande y cambia de color conforme cambia el estado de vibración de sus átomos, moléculas (de agua y, o gases dentro de ella) y cristales. La superficie de la roca contiene toda la información de la roca; es la superficie de identidad de la roca pues su estado de vibraciones permite saber todos los componentes que contiene la roca que la hacen única frente a todas las demás.

Para la Ciencia,
Control de los arreglos resonantes RLC en el sub-espectro e-lectromagnético;
Control de redistribuciones energéticas de la Tierra.

(a)
Para la Ciencia.
Los pensamientos son constelaciones de información.
¿Acaso creemos que la relación entre galaxias y sus constela-ciones difieren de la relación entre arreglos de información en la es-tructura de consciencia toda, de la Unidad Existencial?

Las constelaciones de pensamientos son "gotas" en el hiperespacio de existencia que coalescen, o se asocian entre sí; se interconectan, vinculan o ponen sus pulsaciones en fase entre sí.

Tenemos pensamientos desde la estructura de consciencia a nivel primordial, desde la estructura de consciencia colectiva de la especie, y desde los procesos individuales.

Estos pensamientos tienen sus propias frecuencias portadoras y sub-portadoras.

La rotulación de las constelaciones de información, de los eventos en la memoria, se hacen a través de hebras energéticas.

Las hebras tienen una frecuencia propia, es la *frecuencia portadora*, y sobre ésta se modulan sub-portadoras sobre las que, a su vez, se modula información por áreas de interés, afinidad o rechazo.

La estructura de consciencia tiene una estructura de pulsaciones a-sociada, un sub-espectro del espectro existencial todo; no solamente de frecuencias sino densidad de asociación y longitud de onda de pulsación de ésta, la asociación, y su frecuencia de pulsación que es lo que hasta ahora tomábamos como la variable portadora (frecuencia portadora).

Seguiremos trabajando con frecuencia portadora por simplicidad.

Una de las frecuencias sub-portadoras corrresponde a la especie, y otra para cada uno de los individuos de la especie.

Las frecuencias portadoras de la especie y las sub-portadoras individuales están en la estructura resonante de nuestra configuración ADN.

Las hebras energéticas que vinculan constelaciones de información en el hiperespacio simbólico temporal (lenguaje) de creación del ser humano son hebras de moléculas ADN cuyas pulsaciones están en fase.

(b)

Para la Ciencia.

El cuerpo humano es funcionalmente análogo al dominio material alrededor de la hipersuperficie de convergencia de la Unidad Existencial; análogo a la Forma de Vida Primordial, a otra escala.

La hipersuperficie de convergencia energética de la Unidad Existencial define la Identidad de la Unidad Existencial, Dios, y es en sí misma el algoritmo de control de evolución energética universal y de todas las interacciones por las que se sustenta la Conciencia de la Unidad Existencial [Ref.(A).1].

(c)

Sistema resonante significa que es capaz de producir picos o exuberancias en su estado de vibración o pulsación natural. Si a una copa de cristal la excitamos con una vibración de la misma frecuencia natural a la que ella vibra, esa excitación se amplifica y genera un pico, una sobre-vibración, un exceso, una exuberancia, que eventualmente puede quebrar la copa.

(d)

No importa que el cuerpo, una dimensión energética, y el hipotálamo, otra dimensión energética, estén ambas dentro de la membrana pues la función primordial no depende de la distribución espacial de sus componentes en nuestro dominio sino de sus densidades energéticas.

NOTA.

Para la Ciencia.

La Unidad Existencial es una hiperesfera y nuestro cuerpo es una versión funcionalmente análoga aunque su arreglo espacial es diferente, lo que es posible por las propiedades topológicas inherentes al hiperespacio de existencia de unidades de carga, unidades de hiperrotación de naturaleza binaria [Ref.(A).1].

(e)

En este instante entendemos mejor por qué *desear* proviene de Dios, es una estimulación de Dios. Nuestro problema con nuestros deseos es por la distorsión cultural de los *deseos naturales*.

Arreglo de Identidad del Ser Humano

en "Capas de Cebolla"

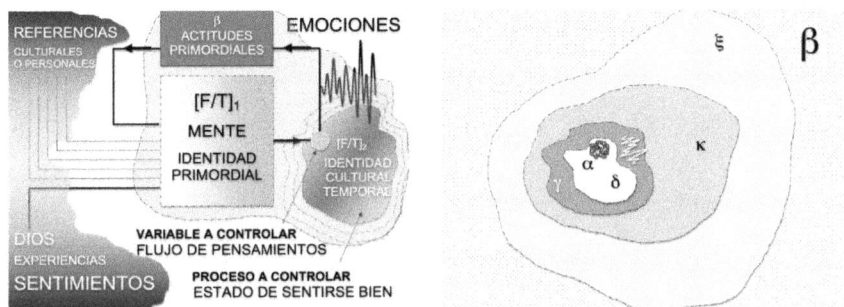

DEBIDO A LAS PROPIEDADES DE LAS PARTÍCULAS PRIMORDIALES Y EL MANTO ENER-GÉTICO UNIVERSAL [β], LA FUNCIÓN DE CONTROL DE LA IZQUIERDA TIENE LUGAR ABSOLUTAMENTE IGUAL EN EL ARREGLO REAL A LA DERECHA, EN "CAPAS".

LA REFERENCIA PRIMORDIAL ESTÁ EN LA PULSACIÓN DEL MANTO [β], Y ES DETEC-TADA SÓLO POR LA "CAPA" DE IDENTIDAD PRIMORDIAL [α] A PESAR DE ESTAR IN-MERSA ENTRE LAS OTRAS "CAPAS". LAS OTRAS "CAPAS" PODRÁN DETECTAR LA PULSACIÓN PRIMORDIAL CUANDO SE PONGAN EN ARMONÍA CON ELLA.

LA ESTRUCTURA DE *IDENTIDAD CULTURAL TEMPORAL* SE DESARROLLA ALREDE-DOR DEL ARREGLO DE *IDENTIDAD PRIMORDIAL* [α], EN "CAPAS" QUE TIENEN SUS PRO-PIAS FRECUENCIAS DE PULSACIONES. A LA DERECHA VEMOS UNA EMOCIÓN DESA-RROLLADA EN LA "CAPA" [γ] QUE PUEDE AFECTAR LA FUNCIÓN DE CONTROL EN ESE NIVEL DE INTERÉS DEL ARREGLO DE IDENTIDAD CULTURAL.

Figura VII(B).
En el cuerpo, en la estructura biológica, el alma [α] está distribuí-da por todo el cuerpo. Son las cadenas genéticas que vinculadas por sus pulsaciones conforman la membrana a nivel primordial de interacción del proceso SER HUMANO con el resto del universo, DIOS.

IX

Visualización de la relación energética Dios-Especie Humana

Modulación de señales e intermodulación de distribuciones energéticas

Resonancia

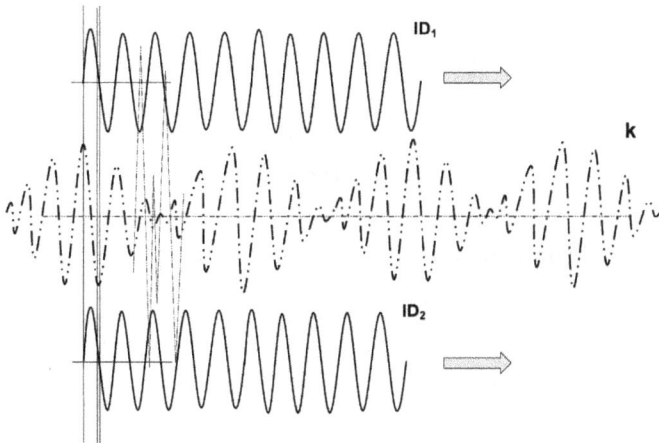

Figura VIII.

Explorar básicamente el concepto de la intermodulación de seña-les electromagnéticas y de sus frecuencias portadoras y sub-por-tadoras nos ayudará a entender el pasar de una dimensión exis-tencial o de consciencia a otra; de una dimensión de complejidad de intermodulación, a otra; nos permitirá no sólo entender sino eventualmente experimentar la trascendencia existencial. Esa experiencia es una *iluminación espiritual*.

Nosotros entendemos intuitivamente el concepto de intermodulación pues es primordial.

En un conjunto de músicos generando diferentes señales, o vibraciones, ellas suenan bien al oído cuando su mezcla tiene cierta armonía. No sabemos, quizás, cómo se mezclan; pero sabemos que lo hacen, que se combinan, que se asocian (no importa la palabra con la que tratemos de describirlo, lo entendemos intuitivamente).

Dos señales de frecuencias, ID_1 y ID_2, se modulan entre sí, se intermodulan, es decir, se asocian conformando una nueva señal k con identidad propia... ¡conservando las dos identidades individuales! dentro de la nueva identidad desde la que son identificables por el resultado mismo.

El resultado k cambia con las componentes, es obvio aquí, pero enfatizamos que <u>conserva las individualidades que lo componen</u>. Un demodulador separa las individualidades.

En la atmósfera, en cualquier instante, hay una multitud de señales de comunicaciones de nuestros sistemas de radio y televisión; están todas mezcladas. No las detectamos, no interfieren, no son discriminadas, demoduladas, sino hasta tener un receptor que esté sintonizado a una frecuencia portadora específica, a la frecuencia del canal transmisor o estación transmisora de nuestro interés. Lo mismo ocurre cuando queremos interactuar con Dios, como veremos luego.

Ahora podemos extender este simple concepto a situaciones bastante más complejas, como cuando decimos que <u>el resultado de un proceso energético contiene a la referencia en otra escala energética</u>.

Veamos brevemente.

Una temperatura se debe a un estado de vibraciones del objeto cuya temperatura estamos evaluando. Si la temperatura de referencia en la Figura V era de 20°C, la temperatura en el proceso siendo controlado es de 20°C, lo que quiere decir que el proceso de interacciones en la referencia, en el proceso a ser controlado (la atmósfera en la habitación), y en el sistema de control, son los tres iguales en este aspecto de la energía, *temperatura*. Los tres procesos tienen lugar sobre entornos energéticos diferentes, pero los tres tienen un aspecto común al que le llamamos *sub-identidad común*: temperatura. A pesar de que la referencia y el controlador en nuestro sistema a controlar pueden estar en ambientes a temperaturas diferentes todo el tiempo, hay una variable en el controlador que representa a la temperatura que se desea en el proceso que se controla. Esto ocurre en los hornos industriales.

Enfatizamos.

En el breve ejemplo anterior hay algo en común a los tres componentes del sistema siendo controlado: temperatura. Y la temperatura es sólo una indicación del estado de una relación primordial común a todo lo que es, a todo lo que existe, de una relación puramente energética primordial que no resulta fácil llegar a ella sin conocer aspectos más profundos del origen de la energía[a], aspectos que a pesar de la complejidad aparente están a nuestro alcance, de todos, si deseamos saber.

Ahora bien.

Leamos lo siguiente en negritas sin detenernos en lo que pudiera no entenderse. Hay algo que sí podemos entender, y es lo que realmente nos interesa tener como soporte para lo que luego veremos en relación a cultivar la interacción con Dios.

Hay algo en común, siempre, en la configuración de proceso y su control, que se representa de diferente manera en los diferentes entornos energéticos de esta configuración.

<u>Todo lo que ocurre es soportado por algún nivel de la intermodulación del manto energético universal en el que estamos inmersos.</u> En este caso tan simple con el que nos ayudamos para visualizar lo mismo en otro caso con otro algoritmo

o arreglo F/T más complejo, en la estructura de nuestro propio proceso como SER HUMANO, los arreglos *identidad cultural temporal*, la referencia (*identidad primordial, alma*), y el proceso a ser controlado (o un aspecto de él, el estado de sentirse bien) son tres versiones de un solo Arreglo Existencial, Dios, con su Algoritmo; o más precisamente, el algoritmo local que controla el proceso SER HUMANO, es un sub-espectro del Algoritmo Espíritu de Vida que controla la re-creación de Dios (la referencia) en los seres humanos.

Ahora podemos visualizar la estructura de control inherente a la TRINIDAD PRIMORDIAL de la manera ilustrada en la Figura IX.

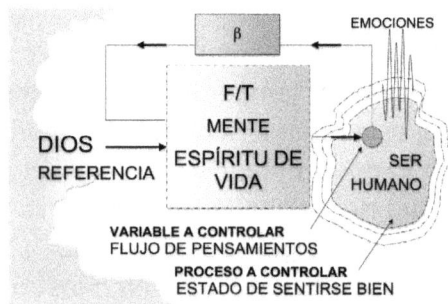

Figura IX.
Las emociones son aspectos de Dios experimentados en el ser humano.

Nuestra trinidad *alma-mente-cuerpo* es un sub-espectro de la TRINIDAD PRIMORDIAL.

La especie humana es definida por un sub-espectro del espectro existencial de pulsaciones, y cada individuo de la especie es un sub-sub-espectro del existencial con una pulsación portadora que es única para cada uno. Ya lo vimos en la analogía de las estaciones de radio o canales de televisión, que son sub-espectros del sistema de radio o de televisión, o del sistema de comunicaciones en general.

En el caso de una estación de radio de FM, su frecuencia portadora está modulada por todas las frecuencias de la información a transferir; modulación que ocurre dentro del ancho de banda asignado alrededor de esa frecuencia portadora.

La pulsación portadora del individuo de la especie humana en la Tierra tiene tres componentes: las frecuencias de pulsación cardíaca, respiratoria, y una longitud de onda portadora que es particular para cada individuo. Toda la estructura ADN de la trinidad SER HUMANO modula a estas tres portadoras con los infinitos componentes de los billones de células y sus asociaciones por las que definen las áreas y funciones del proceso SER HUMANO.

[La pulsación portadora de la Tierra como estación remota de concepción de vida tiene también dos componentes: una diaria por su rotación alrededor del eje polar, y otra anual por la orbitación alrededor del Sol, y una longitud de onda indicada por el cambio en el arreglo estructural que tiene lugar alrededor de su temperatura media; cambio que obviamente no podemos ver ni medir... ¡excepto por su efecto!: el cambio de temperatura].

El cuerpo humano es el desarrollo por asociaciones de moléculas de vida, moléculas ADN, a partir de una "coalescencia", de una demodulación de información de vida desde el manto energético universal cuando se alcanzaron condiciones particulares en el planeta; cuando la distribución energética del planeta la definió como estación remota de concepción de vida y la distribución de la cadena de átomos permitió la demodulación de pulsación en el manto energético que resultó en la asociación de las moléculas de vida que generaron las CADENAS GENÉTICAS QUE COMPARTIMOS TODAS LAS FORMAS DE VIDA, obviamente porque provienen de un única fuente de la que somos partes o unidades inseparables a través de la vibración o pulsación del manto ener-

127

gético universal.

Una vez que el desarrollo de asociación molecular ADN alcanzó la complejidad requerida, comienza su posterior desarrollo como ser humano, desarrollando reconocimiento de sí mismo por las interacciones con los demás individuos de la especie, y de consciencia, de entendimiento, por interacción con el universo primero, con Dios luego. **La función SER HUMANO es eterna.**

El alma es la información contenida en el sub-espectro específico cuya demodulación dio origen a las especies de vida, y cuya frecuencia y longitud de onda de pulsación portadora define a la especie, y sus sub-portadoras definen a cada individuo. En el cuerpo, energéticamente podemos visualizar al alma como el arreglo vibrante-resonante de la distribución de todas las moléculas ADN, cuyo arreglo particular dado en cada configuración de la cadena genética distingue, define a cada individuo, le da identidad primordial a cada ser humano. Esta configuración es la que interactúa con el resto del universo primero, con la Unidad Existencial luego; con Dios. No obstante, esta interacción se afecta por la inducción cultural en la identidad cultural temporal, inducción que produce el efecto "filtro"[b] que limita o inhibe nuestro reconocimiento de las señales, información, orientaciones siempre presentes en el manto energético universal. ¿Cómo no van a estar estas señales, información y orientaciones, presentes en el manto energético universal si el manto es el fluído amniótico primordial (de Dios) en el que estamos inmersos? La pulsación de la estructura, de la Forma de Vida Primordial que vimos en la Figura I, se transfiere por el manto energético primordial a todo entorno de la Unidad Existencial y de nuestro universo que es parte de Ella, y llega a todo lo que se halle inmerso en el manto, tal como lo indicamos en relación a los componentes de la configuración de control, al reconocer el componente o aspecto común que es indicado por la temperatura.

Nuestra mente es una modulación, un arreglo particular que nos define, de la mente del proceso existencial, de la red espacio-tiempo, que convergiendo hacia nosotros nos define y sustenta; es el sub-espectro al que luego modulamos con nuestros pensamientos y acciones. Esta modulación nuestar obviamente llega a Dios... pues tiene lugar sobre la misma mente de Dios, sobre el manto energético único ¡que sustenta el proceso racional consciente de sí mismo de la Unidad Existencial!

NOTA.

Por estar todos sobre el mismo manto de proceso existencial y de generación y transferencias de pensamientos es que debemos tener cuidado con los pensamientos erráticos que nuestra mente capta de otros desde el manto energético universal, y desde las estructuras que se hacen conscientes de sí mismas temporalmente a las que llamamos "malos espíritus". Estas estructuras desaparecen eventualmente, pero el proceso existencial consciente de sí mismo, Dios, permite que tengan lugar pues son parte natural del proceso de recreación de sí mismo y de las experiencias por las que las recreaciones desarrollan sus procesos racionales con ejercicio de su voluntad por el que pueden definirse por sí mismos frente a lo que les separa o "aparta" de la estructura primordial. Al igual que sabemos del estado de sentirnos bien al ser apartados de él, sabemos del Espíritu de Vida al ser "apartados" de Él [Ref.(A).3, Libros 1, 2 y 3].

Resonancia.

Modulación de la membrana de interacción del proceso SER HUMANO, de la piel, la antena del *celular biológico.*

La resonancia es un fenómeno energético por el que se expande o contrae un entorno de interacción, lo que resulta en una asociación o disociación de estructuras energéticas y, o de información.

En el cuerpo humano lo que controla el proceso racional es su estado con respecto a la referencia, que es el estado de sentirse bien.

Las emociones son estados de resonancia, exuberancia energética de la estructura ADN; son las desviaciones desde el estado de reposo, desde el estado de "sentirse bien".

El estado de sentirse bien es el estado de tranquilidad, paz, el estado medio de la suma o la integración de las *resonancias naturales, de las emociones primordiales* frente a lo que recibimos o nos ocurre. Para los *estados emocionales primordiales* su integral es el estado de reposo, así como el color blanco es la suma de colores y el amor es la suma de las emociones, por lo que las emociones primordiales no perturban el estado de sentirse bien natural; pero las emociones culturales son distorsiones de las primordiales, y por lo tanto, perturban el estado natural de suma de las emociones primordiales.

Al generarse estados de resonancias fuertes, emociones fuertes, hay una asociación al algoritmo de identidad, a la estructura de identidad cultural, de la experiencia que da lugar a la resonancia o emoción; asociación que tiene lugar en el lazo de realimentación [β] que se compara con sus referencias culturales en lugar de compararla con la referencia primordial. Ver la Figura X.

Cada nivel de la estructura de referencia está energéticamente conectada, vinculada, con las experiencias que le dieron lugar, o para las que aprendió a responder inducido por la cultura; y por ello, a menos que cambie la referencia no habrá cambio en la experiencia frente a las circunstancias de vida similares.

La resonancia de la estructura ADN de todo el cuerpo humano se transfiere a la piel, a su antena, a la membrana de interacción. (Tener presente los detectores de mentiras).

La piel es parte de la válvula, del actuador [5] de las Figuras V y VI, y por ella se emiten y reciben los pensamientos, por lo que la interacción con el resto del universo depende de la información que está presente en esa modulación, que depende del resultado del proceso racional, el que a su vez depende de la referencia seguida frente al evento que dio lugar al proceso racional. Dios, el universo, el nivel del mismo, responde a esa modulación; o mejor dicho, la modulación excita, "llama" al nivel de Dios, del universo dado por la referencia.

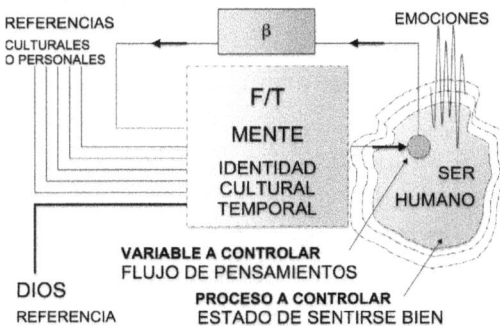

Figura X.
El ser humano desarrolla un gran juego de referencias que deben subordinarse a una primordial (que es algo que no siempre hace).

Veamos una analogía simple de cómo una membrana energética modula el entorno en el que se halla y le transfiere la información que la modula: la superficie de agua en un recipiente en el que la estamos calentando.

Al principio, el recipiente y la superficie del agua están en calma.

La superficie del agua es la membrana de separación entre el agua y la atmósfera.

A medida que el agua se acerca a su punto de ebullición la superficie se agita, vibra, bulle; la membrana vibra, se agita. Podemos oírla, aunque es simplemente ruido; y se puede sentir al tacto, si tocamos el recipiente por un palillo que nos transfiere la vibración.

La ebullición nos dice del estado "emocional" del agua; y por su vibración se transfiere al entorno vecino el calor, la información de lo que está ocurriendo dentro del agua.

Veamos otra membrana.

Esta vez, una membrana compuesta por numerosas cuerdas vibrando; por ejemplo, de un conjunto de guitarras. Todas ellas vibran y emiten un sonido en particular en todo y cada instante, y el conjunto conforma una pieza agradable.

El conjunto es una membrana energética compuesta por todas las guitarras.

Nuestros oídos perciben el resultado de las unidades resonantes, de todas las cuerdas de todas las guitarras.

De la misma manera, la estructura de distribución espacial de unidades ADN dentro de nuestro arreglo biológico conforma una membrana de resonancia, algo más compleja, pero que la sentimos, la reconocemos en la estructura de consciencia, en el proceso en el que esa resonancia interactúa para resultar en la consciencia del aspecto que "toca" con su vibración en particular en todo y cada instante. A veces la resonancia es muy evidente, como cuando nos enojamos o nos reímos, pero en la mayor parte de los casos es simplemente lo que vamos sintiendo, lo que vamos experimentando que nos agrada o no, o nos es indiferente.

Todo se comunica con todo en algún sub-espectro del espectro existencial.

Comunicaciones entre especies de vegetales e insectos.

Las membranas de interacciones en los vegetales, las hojas y flores, tienen el algoritmo de comunicación, de modulación del manto energético por el que hay comunicación entre las plantas, y entre plantas e insectos.

Ciertos grupos de árboles configuran comunidades biológicas que comparten recursos [Ref.(C).5].

Sabemos de la capacidad de las moléculas ADN y sus asociaciones para almacenar y transferir información, y siendo arreglos de circulación pulsante (células energéticas) no deben sorprendernos los efectos resonantes por los que se comunican entre ellas por las simples modulaciones del manto o el medio energético en el que se hallan. Al fin y al cabo, hasta la masa material es una asociación por puesta en fase de las pulsaciones de las partículas que lo conforman. Tenemos el *Mecanismo de Adquisición de Masa* [Ref.(A).1].

Sentimientos y Emociones.

(Revisitación de lo visto en la sección VIII).

Los sentimientos y emociones son manifestaciones y experiencias de Dios en el ser humano.

Una distribución espacial de arreglos de moléculas ADN en nuestro cuerpo responde a las estimulaciones primordiales, a los *sentimientos*; y las reacciones de nuestra *identidad primordial* a la fenomenología energética existencial y a las interacciones con otros seres de vida son las experiencias de Dios a través del ser humano, las *emociones primordiales*, a la que luego modulamos con nuestras relaciones causa y efecto culturales, temporales.

Nuestros estados emocionales conforman la información que emitimos al universo.

Si el Amor, el amor primordial y no una versión o interpretación cultural, es la música del proceso existencial, las emociones, absolutamente todas, son los componentes de esa música.

Amor es la suma de emociones, así como el color blanco es la suma de colores.

Necesitamos entender la música que toca nuestro propio arreglo ADN, pues su estado de vibración natural define el estado de sentirse bien, y sus resonancias son las emociones.

Insistiremos constantemente que para regresar a la armonía con el proceso existencial no necesitamos entender; necesitamos reconocer que somos un extraordinario "filtro" de frecuencias de señales o vibraciones, de energía. Cada célula es una estructura cuya configuración es absolutamente análoga a la de las células energéticas resonantes en paralelo [configuraciones R(resistor)-L(inductor-C(capacitor)] del sub-espectro electromagnético (ELM). Luego, viviendo por las *actitudes primordiales* removemos los "filtros" que afectan nuestra identidad cultural temporal y nos limitan o impiden nuestra armonía con Dios.

(a)

Secciones Sustancia Primordial, y Energía, referencia (A).1.

(b)

Las moléculas ADN son unidades de resonancia binaria.

La distribución espacial de moléculas ADN es una estructura de resonancia. **La estructura ADN es un extraordinariamente complejo filtro biológico.**

Cultivando

la interacción con Dios

X

Sintonizando nuestro *celular biológico*

Re-creación de sí mismo

En la sección de control del proceso SER HUMANO se afirmó que el algoritmo de control que nos hace sentir bien primordialmente en cualquier y toda circunstancia de vida sólo es posible incorporando las *actitudes primordiales*, no hay otra manera, y entonces en ese momento quizás nos preguntamos lo que repetimos a continuación: "si esto es verdad, ¿por qué entonces no seguir de una vez esas *actitudes* y comenzar a reconstruir nuestro algoritmo de control del proceso SER HUMANO?" Y como en aquel momento, la respuesta que "salta" a nuestra mente es: "es verdad. ¿Por qué no hacerlo de una vez?"

Hacerlo no es tan sencillo.

Nuestro algoritmo de control, nuestra identidad cultural temporal, nuestro arreglo de relaciones causa y efecto, se ha "construído", desarrollado desde el instante en que somos dados a luz en este mundo, bajo la inducción de nuestros mayores, de nuestros padres o quienes nos cuidaron, atendieron, educaron; bajo inducción de familiares, amigos, vecinos, compañeros de juego, estudios y trabajo; bajo la inducción de nuestros líderes y medios de comunicación.

Nuestro algoritmo de control está en la "capa", en el nivel más profundo de nuestro arreglo de causa y efecto por el que nos definimos quienes somos en este mundo. Por lo tanto, no es nada fácil renunciar a lo que nos define frente a este mundo. Cambiar así, de buenas a primeras lo que creemos no es nada simple; requiere de un gran trabajo íntimo, de un gran amor por sí mismo por "surgir", por expresarnos libremente qué sentimos y, o Quiénes realmente somos en el proceso existencial, frente a un proceso al que no estamos acostumbrados a considerarnos ser parte interactiva, excepto por una muy limitada interpretación cultural a la que llamamos Dios, en Quién creemos conforme a cómo se nos ha enseñado, o rechazamos porque realmente no satisface lo que sentimos de Él unos, o esperan otros.

En algún momento dado, todos nos preguntamos,

¿Cuál es la Verdad acerca de la existencia; nuestro propósito en este mundo como es; nuestros sufrimientos e infelicidades?,

y luego de esta pregunta y sus inacabables diferentes versiones a que dan lugar nuestros sentimientos frente a nuestras diferentes experiencias particulares de la vida,

¿Puedo alcanzar la Verdad por mí mismo?

Incluso quienes creen en Dios se preguntan cuál es la Verdad detrás de un Dios en el que creen pero al que no entienden; y que no entienden lo muestra el que creyendo en Él, sin embargo, no Le pueden seguir, no pueden vivir por Sus *actitudes primordiales*.

¿Podemos explicarnos esto? Mayormente, quienes creen en Dios ¡no viven por el Dios en el que creen! ¿Cómo es posible que creyendo en Dios no se actúe realmente siguiendo al Dios en el que se cree?

Tenemos que respondernos a nosotros mismos la siguiente pregunta fundamental,

Cuando creemos en Dios, ¿es realmente nuestra respuesta cultural temporal a un reconocimiento primordial desde nuestra alma, o es nuestra asociación a una entidad superior que ha sido inducida culturalmente?

Si realmente deseamos alcanzar la Verdad como respuesta a la pregunta previa, lo tenemos que hacer por uno mismo; y para ello tendremos que enfrentar dos formidables barreras: el temor y la ignorancia, la falta de consciencia, de entendimiento del proceso existencial consciente de sí mismo al que se reconoce limitadamente como Dios.

El temor surge cuando ignorantes de la Verdad tenemos que

hacernos libres del mundo, de lo que cree y practica el mundo, nuestra sociedad a la que pertenecemos, para pensar y encontrar por uno mismo la Verdad; y luego surge aún más temor cuando debemos tomar una decisión frente a lo que encontramos dentro nuestro.

Nuestro temor surge y se reafirma cuando resuenan en nuestros oídos las pre-concepciones como "no todo el mundo puede estar equivocado" cuando nos atrevemos a cuestionar las bases por las que el mundo cree esto o aquello, o por las que justifica esto o aquello que practica.

Pues, el mundo sí lo está; está equivocado. De lo contrario, ¿por qué los males y sufrimientos del mundo? Los males y sufrimientos del mundo no son sino las consecuencias de nuestras acciones, las de todos; las de unos directamente, las de otros indirectamente por omisión, por temor o por ignorancia.

No necesitamos más razones para ponernos en la búsqueda de la Verdad dentro nuestro por nosotros mismos que el de buscar regresar a, o mantener el estado de sentirnos bien primero, ya que es el estado primordial del ser humano, y luego para entender todo cuanto deseemos entender, incluso a Dios mismo. Sí, podemos entender a Dios, si hacemos lo que debemos hacer para ello. Y algo reiteraremos aquí. Para entender a Dios tenemos que "sintonizarnos" con Dios.

Ahora bien.

Queremos entender a Dios, queremos llegar a la Verdad, y para eso se nos dice que antes debemos "sintonizarnos" con ÉL, con la Verdad.

¿Cómo es eso?

¿Cómo "sintonizarnos" con Dios a Quién no Le conocemos, o en Quién hasta ahora no creen quienes no creen?

La primera acción que nos pone en sintonía, aunque inconscientemente, es la decisión de responder, actuar conforme al deseo de buscar la Verdad. El deseo de buscar la Verdad absoluta, primordial, no la versión del mundo, proviene de Dios. Actuar conforme a ello es nuestra respuesta al protocolo de interacción con Dios, aunque no seamos consciente inicialmente. No importa; la consciencia es resultado de una interacción, pero para ponerla en marcha tenemos que tomar una decisión, la de responder al deseo primordial, y comenzar a ejecutarla por sí mismo, no por las inducciones del mundo. El protocolo de "sintonización" con Dios es íntimo.

La segunda acción que nos pone en sintonía a quienes creemos en Dios es vivir por las *actitudes primordiales.* Inclusive, si no creyendo en Dios viviéramos por Sus *actitudes primordiales* por las razones que sean que lo hagamos, de todas maneras esas actitudes, siendo parte del protocolo primordial de interacción con Dios, van a "provocar" la respuesta de Dios que reconoceremos en la calma, en la paz en cualquier y toda circunstancia de vida; Dios no va a dejar de responderse a Sí mismo, a quién en esa vivencia se hace parte de Él, aunque inicialmente sea inconsciente de este protocolo.

Regresemos a nuestra búsqueda de la Verdad ahora.

Para buscar la Verdad por nosotros mismos frente a un mundo que no la tiene, que no la ha reconocido realmente, requiere que nos re-creemos a nosotros mismos siguiendo nuestros *sentimientos primordiales,* no las versiones culturales.

Re-crearse a sí mismo, por sí mismo, frente a un mundo que no acepta la práctica de la libertad primordial inherente al ser humano, libertad que por otra parte el mismo mundo dice buscar y extender a todos, requiere de valor.

Finalmente, nos armamos de valor, pero no sabemos cómo comenzar. En realidad, es porque no escuchamos nuestros sentimientos que nos orientan acerca de qué hacer. Los sentimientos no son nuestros sino que provienen de Dios; nosotros sólo los reconocemos y luego decidimos qué hacer frente a ellos, a esas orientaciones. Por ello es que culturalmente se han desarrollado diferentes versiones a las que usualmente atendemos y por las que nos confundimos.

Lo mismo ocurre cuando deseamos resolver, crear una solución a una situación particular de vida o un cambio de realidad, o crear un propósito frente a una circunstancia particular de vida. Sabemos muchas cosas, tenemos abundante información de experiencias de otros que han alcanzado lo que deseamos pero nosotros no podemos ponernos en marcha. ¿Por qué? Tenemos mucha información y no nos atrevemos a hacer realidad lo que deseamos. ¿Por qué? Tenemos mucha información, y sin embargo, en muchos casos no hacemos nada porque no sabemos cómo emplearla, cómo aplicarla en nuestro caso particular. ¿Por qué todo esto? Antes se nos dijo que nuestro proceso racional es un proceso que responde "automáticamente" a regresar a, o mantener el estado de sentirse bien; y para disfrutar, para lo que hace uso de su poder de creación... hasta que deja de encontrar cómo hacerlo, o cómo regresar al estado de sentirse bien.

Simplemente nuestro proceso racional, un procesador de pensamientos, de información existencial frente a nuestro estado emocional, está "perturbado", confundido por las diferentes referencias culturales que son versiones, interpretaciones condicionadas por la consciencia colectiva del grupo social del que provienen y hemos hecho nuestras por inducción o por convicción. Son las referencias que ahora debemos revisar en nuestro proceso de re-creación de sí mismo.

¿Cómo hacerlo?

Antes que nada, por sí mismo. Si dejamos que otros nos digan qué está bien o mal para un caso íntimo al que nunca pueden llegar pues nuestro juego de emociones, de efectos frente a los mismos eventos, es diferente, es único para cada uno de los seres humanos, no haremos sino mantener o empeorar la confusión de la que precisamente deseamos y debemos salir.

¿Qué hacer?

Regresar a la calma, aceptando lo ocurrido o la circunstancia que no puede ser cambiada y frente a la que hay que crear.

No podemos crear nada que nos lleve al estado de sentirnos bien sino hasta que eliminemos la perturbación del proceso racional que introduce la emoción. La aceptación nos regresa a la paz que necesitamos para crear. Ver la sección siguiente, *Actitudes Primordiales*. Recordemos siempre que lo que deseamos es el resultado que hace realidad la referencia. **Si deseamos crear algo para que nos haga sentir bien permanentemente, debemos tomar una decisión que nos lleve inmediatamente a un estado de paz temporal que nos permita iniciar esa creación que buscamos para sentirnos bien permanentemente. En el proceso se va realimentando el estado de sentirse bien permanentemente, haciéndose la referencia permanente de allí en más. El proceso real, absoluto, no ocurre sino de esta manera. Lo sabemos por las experiencias de infelicidades y sufrimientos que tenemos hasta ahora, individual y, o colectivamente; y ahora podemos entender, que ha sido la razón de la presentación de los aspectos energéticos básicos en el arreglo de control que ya vimos.**

Crear es buscar la solución que necesitamos frente a las circunstancias dadas, y que no tenemos por experiencia propia.

¿Cómo crear esa solución que no tenemos por experiencia?

Tenemos los sentimientos por los cuales orientar los pensamientos y las especulaciones racionales culturales a las que demos lugar frente a esos sentimientos.

El sentimiento fundamental es el de sentirse bien.

Frente a la circunstancia que nos saca del estado de sentirnos bien, ¿qué pensamos que nos hace regresar a sentirnos bien? Si no podemos restaurar los parámetros de vida previos a los eventos que ahora nos hacen sentir mal, ¿qué sentimos que realmente podríamos hacer como alternativa?

Estas preguntas sólo podemos responderlas nosotros mismos. Es obvio. Debemos responderlas frente a nuestros sentimientos íntimos, a los que sólo llegamos nosotros.

Una vez que reconocemos qué nos hace sentir bien, entonces

podemos y debemos ponernos en el proceso de crear un camino, una opción para hacerlo realidad.

Es nuestro estado de sentirnos bien lo que buscamos, y no la versión de otro.

Todo lo que hagamos para sentirnos bien es válido si actuamos por amor, es decir, extendiendo a los demás las mismas oportunidades y derechos que deseamos para nosotros.

No obstante, aún así el mundo puede rechazar lo que deseamos hacer realidad pues su percepción es otra, sea correcta o no. ¿Qué hacemos? Si no dañamos a nadie, podemos seguir adelante. Si alguien se siente herido simplemente por otra percepción, no por eso debemos renunciar a alcanzar nuestro estado de sentirnos bien. Si se nos expone a consecuencias indeseadas por la errónea percepción de los demás, decidiremos si renunciar a lo que perseguimos nos permite llevar a delante nuestra mejor versión de sí mismo o no.

Como vemos, recrearnos a nosotros mismos no es una tarea fácil. No, no lo es. Pero de algo estemos absolutamente seguros: nadie lo va a hacer por nosotros; aunque alguien quisiera hacerlo, no se puede; y quien quisiera hacerlo es simplemente porque esa persona, aún por amor, no entiende todavía el proceso existencial del que somos sus unidades en desarrollo de consciencia. Para esta parte tendremos la referencia (B).(I).2, Apéndice. La ayuda que debemos suministrar a quién la requiere, o es obvio que la necesita, es el apoyo para que alcance la aceptación y restablezca la calma, y para orientarle y apoyarle en el proceso de su recreación de sí mismo y, o de creación de la experiencia de vida que busca hacer realidad. Y esta ayuda debe ser dada aceptando y respetando, a su vez nosotros, la individualidad del necesitado.

Cuando deseemos cambiar nuestra realidad existencial debemos tomar una decisión, y ejecutarla; ponerse a trabajar para hacer realidad la decisión.

Una vez más, hasta aquí estamos bien... pero estando confundidos, perturbados, ¿qué decisión es la que debemos tomar, y cómo llegamos a esa decisión?

Y otra vez resuenan las orientaciones primordiales,

« En la aceptación se encuentra la paz que te abre el camino al entendimiento »;

« Si no sabes qué hacer, no hagas nada. Espera por la *Señal del Cielo* (de Dios, o de la dimensión Madre/Padre de la Consciencia Universal) »;

« La vivencia por las *actitudes primordiales* te ponen en armonía con la Fuente de la que provienen »;

« El estado primordial de sentirse bien permanentemente es resultado de la vivencia en armonía con Dios, la Fuente, el proceso ORIGEN del que provienes y en el que te hallas inseparablemente inmerso, del que eres parte eternamente ».

¿Deseamos asumir el control de nuestro estado de sentirnos bien?

Todo lo que debemos hacer es vivir por las *actitudes primordiales*. Ver la sección siguiente.

¿Deseamos desarrollar nuestra consciencia primordial?

Interactuemos con Dios, con la Consciencia Universal de la que somos sus unidades en desarrollo que solo tiene lugar por la interacción con Él, o Ella.

¿Qué limita o inhibe nuestra conscientización?

Revisitación.

La desarmonía por la que vivimos en relación con el proceso ORI-

GEN por simple ignorancia natural inicial frente a la que no rectificamos por temor a pesar de ser permanentemente estimulados por el mismo proceso ORIGEN, en la dirección correcta.

Especificando algo más,

La desarmonía es entre los componentes de nuestra propia trinidad energética que sustenta el proceso SER HUMANO que nos define: *alma, mente y cuerpo,* y entre nuestra propia trinidad y el proceso energético del que provenimos, pues cualquiera sea el origen en el que creemos, es obvio que de algún proceso energético provenimos.

Debemos, cada uno por sí mismo, individualmente, romper el círculo vicioso en el que estamos atrapados si es que deseamos resolver o rectificar la desarmonía. ¿Quién lo va a hacer sino nosotros mismos, cada uno de nosotros por sí mismo? Nadie lo va a hacer por nosotros. **Nadie ha venido a este mundo a hacerlo por nosotros sino a mostrarnos cómo hacerlo.**

¿Qué hacemos para romper, para "abrir" el círculo vicioso?

Ponernos a entender, si queremos dejar de ser ignorantes, inconscientes, para lo cuál se necesita tiempo, dedicación, determinación.

Y para ponernos a entender por nosotros mismos debemos tomar la decisión de no temer revisarnos, revisar nuestras referencias, y eventualmente recrearnos, decisión que es la más difícil porque implica independizarse del mundo, hacerse libres de la consciencia colectiva de la civilización de la especie humana en la Tierra por la que desarrollamos nuestra identidad cultural temporal, quiénes somos frente al mundo en el que estamos.

No podemos hacer ni una cosa ni la otra porque tenemos muy arraigada la idea de que, como ya lo notamos,

"Todo el mundo no puede estar equivocado. Lo que necesitamos saber ya está en alguna parte, y nada debemos temer pues la especie es la que tiene el poder de creación en este entorno, en nuestro planeta".

Es verdad, en parte.

Todo lo que necesitamos saber está junto a nosotros, y en todos nosotros, pero no está consolidado. *Consciencia es consolidación de información* y de conocimiento, de las estructuras de proceso que se reconocen a sí mismas o son partes del proceso que se reconoce a sí mismo; y la consolidación tiene que ser alcanzada de sólo una manera, sin dejar nada por fuera, nada, y a su vez, que sea en armonía con el proceso del que provenimos.

Además, no podemos hacer una ni otra cosa porque tenemos arraigada la idea de que no evolucionamos o que no controlamos la *evolución por nuestra voluntad*, sino que ya somos el resultado de una evolución que ha terminado en nosotros.

Quienes dependen de las religiones, que son interpretaciones culturales de las manifestaciones primordiales o espirituales, hablan de, y se someten a la voluntad de Dios, una voluntad que no conocen, y un Dios a Quién no Le entienden; entonces ¿de Quién hablan? Obviamente no pueden encontrar la Verdad, pues se estancan en una interpretación cultural y temen salir de ella, de la interpretación, por lo que se inhiben a sí mismos de crecer, de evolucionar, de desarrollar consciencia, el entendimiento.

En el temor niegan al Dios de *Amor* que dicen reconocer.

Quienes no dependen de religiones, pero no pueden por otra parte dejar las referencias por las que se orienta esta civilización, tampoco encuentran el camino para entender un proceso que no pueden alcanzar al negar parte de la verdad que buscan. Somos seres definidos por un proceso que tiene lugar en dos dominios existenciales: el material y el primordial o espiritual. No importa el desarrollo intelectual, racional, en el área de interés humano que hayamos alcanzado, <u>no entenderemos nunca un proceso existencial que se define por interacciones entre dos dominios y a uno de ellos lo negamos</u>, no lo incorporamos porque nuestros sentidos no lo captan, y sin embargo, lo capta otro sentido al que no lo reconocemos como tal (el sentido de percepción, mental), y por lo tanto ignoramos o desestimamos información existencial que nos llega por él. No hacer parte de nuestra realidad existencial presente a la información primordial constituye una actitud contradictoria, por no decir absurda, pues es gracias a ese sentido, el de la percepción a través de la mente, que logramos reconocer los principios fundamentales sobre los que luego hemos desarrollado el conocimiento en nuestro dominio material. Me refiero, un ejemplo a mano, al *Principio de Conservación de la Energía*, que implica eternidad, y luego buscamos un origen de la vida. No hay origen en lo que es eterno. Hay origen de una recreación por la que se sustenta la eternidad. ¿Cómo vamos a entender si generamos en nosotros mismos un proceso racional tan distorsionado? Tomamos una referencia y luego la negamos, la dejamos. ¿Cómo se puede entender esto? Y luego nos preguntamos por qué estamos como estamos, individualmente, y el mundo todo. De acuerdo, no somos científicos, pero es cuestión de sentido común, ¿acaso no decimos que el amor es eterno; *que la consciencia es eterna*; que Dios es eterno? Entonces Dios, siendo eterno ¿va a tener hijos, recreación de Sí mismo que no lo sean? Es absurdo. Está bien, no entendemos, de acuerdo; ¡pero no incurramos en estas contradicciones alimentadas por temor!

Quienes no creen en Dios porque las versiones limitadas, condicionadas, corrientes en el mundo, no satisfacen las inquietudes fundamentales más íntimas acorde con nuestra naturaleza divina, no deberían tampoco dejar de regirse por la eternidad. El *Principio de Conservación de Energía* no habla de Dios como las religiones, pero habla de la fuente de Todo Lo Que Es, Todo Lo Que Existe, de una manera más amplia energéticamente. No obstante, quienes no creen en Dios no creen en las versiones culturales de Dios, de la Unidad Existencial; está bien, tienen derecho y razones válidas para no creer en la versión cultural de Dios, del proceso ORIGEN de la especie humana, pero si niegan la eternidad que reconocen en ese principio energético de *Conservación de la Energía*, principio existencial de por sí, incurren en una seria distorsión racional que es la razón por lo que no han podido trascender con la mente desde este entorno temporal para visualizar la configuración de la Unidad Existencial en dos dominios energéticos, algo al alcance de todos una vez que se les muestra una simple analogía por la que luego pueden penetrar en el universo, todo, con la mente [Ref.(A).1].

¿Decidimos asumir el control de desarrollo de consciencia por uno mismo y todavía no sabemos por dónde comenzar?

Cuando todos los recursos racionales en un sentido u otro en nuestra búsqueda de la Verdad y del desarrollo de consciencia se nos agotan, tenemos los sentimientos. ¿Qué nos dicen? ¿Quizás no sabemos reconocerlos dentro nuestro ni "leerlos" o interpretarlos? Podemos aprender; tenemos cómo hacerlo por nosotros mismos, pero necesitamos dejar de depender del mundo [Refs.(A).2 y (C).1].

Y siempre tenemos la experiencia.

¿Cuántas veces necesitamos equivocarnos y sufrir para reconocer que estamos equivocados?

XI

Actitudes Primordiales

Las actitudes primordiales provienen de Dios, definen el comportamiento de Dios. Son las actitudes por las que se rige el proceso consciente de sí mismo en sus interacciones con las recreaciones de sí mismo.

Las *actitudes primordiales*[a] son: *Amor, Regocijo, Aceptación, Agradecimiento y Bendición.*

Actuar por las actitudes primordiales no nos limitan o condicionan a los seres humanos en nuestra naturaleza como individualizaciones del proceso existencial, Dios. No. por el contrario, nos abren las *"Puertas del Cielo"* para hacernos conscientemente compañeros de Dios en el Juego de la Vida, para hacernos co-creadores de la experiencia de vida que deseamos, o encontrar un propósito para las circunstancias de vida por las que nos toque pasar [Ref.(A).3].

Estas actitudes de Dios son orientaciones del proceso racional de Dios que nos llegan a los seres humanos como las componentes primordiales a las que modulamos por nuestras propias decisiones para conformar sobre ellas nuestra versión cultural; versión de nuestra sola creación. Nuestro desarrollo por estas actitudes nos permiten la armonía con el proceso existencial sin perder nuestra individualización que es dada por la estructura de *emociones primordiales* (a las que también las modulamos por las inducciones culturales) por las que experimentamos las manifes-

149

taciones de la existencia, del proceso existencial, de una manera única, particular, individual, especial para cada uno de nosotros.

Una vez más, nosotros creamos nuestras versiones de actitudes culturales temporales sobre estas *actitudes primordiales* de Dios.

(Los *sentimientos primordiales* son estimulaciones de Dios iguales para todos, cuya percepción también modificamos culturalmente).

Como ya hemos mencionado en la sección de control del proceso SER HUMANO, las *actitudes primordiales* son realmente análogas a las características de respuestas en anticipación, predisposiciones, que los ingenieros de sistemas de control agregan a los sistemas de control para los que se requieren minimizar las oscilaciones, resonancias indeseadas. En los sistemas de control estas características que se agregan se llaman realimentaciones PID (Proporcional-Integral-Derivativa); son características inherentes a las estructuras resonantes electromagnéticas con componentes RLC (resistor-inductor-capacitor), las que a su vez son análogas a las de los arreglos de unidades o moléculas de vida, a las de las configuraciones de moléculas ADN cuyas resonancias son las que experimentamos como emociones en el ser humano. Estas realimentaciones cambian la configuración de control aunque se mantenga el algoritmo original. En otras palabras, que es evidente para los técnicos de control: **para el mismo algoritmo de control, esas realimentaciones PID cambian o minimizan los estados transitorios, temporales, alrededor del estado permanente que deseamos mantener.**

Veamos cada una de estas *actitudes primordiales* que intervienen en el lazo de realimentación [β] del arreglo de control de las Figuras V y VI. En la versión primordial estas cinco realimentaciones dan lugar a las infinitas combinaciones, infinitos (finitos pero innumerables) juegos, cada uno de los cuales corresponde a cada ser humano, a cada individuo de la especie humana. Luego, ya sea por inducción cultural y, o decisión propia, este juego con el que el individuo es dado a la vida, se modifica o modula; sobre él se "construye" la versión cultural temporal, lo cual, como mencionamos y ahora podemos visualizar concretamente, se modifica el proceso racional y el resultado, la experiencia, frente a un evento o una circunstancia particular de vida.

Ahora bien.

Saber esto no nos exime de nuestras experiencias y, o problemas, sino que nos permite entender por qué debemos hacer lo que se viene sugiriendo por Dios mismo. Si se necesitaba "poner el dedo en la llaga de Jesús" para creer (como es dicho usualmente en la cultura cristiana), y si no para entender en este caso, al menos para convencernos, ahora tenemos la información que nos permite iniciar el camino para convencernos y eventualmente entender. Sólo vamos a cambiar nuestras experiencias de vida y desarrollarnos a nuestro máximo potencial frente al proceso existencial, no frente al mundo, cuando vivamos por las *actitudes primordiales*; cuando vivamos a Dios en nosotros.

Amor, energéticamente, en el universo o en la Unidad Existencial si ya la hemos visualizado, es una de las dos fuerzas primordiales. La otra es temor. Las dos fuerzas primordiales son fuerzas de asociación y disociación de las estructuras energéticas y, o de información.

Un poco más específicamente.

Amor, en el nivel absoluto puramente energético, es la fuerza primordial de asociación de la sustancia natural de la que todo se genera y recrea, de sus primeras asociaciones, las partículas primordiales; en la estructura de interacciones que sustenta la FUNCIÓN EXISTENCIAL CONSCIENTE DE SÍ MISMA es la fuerza de reasociación de las unidades de consciencia luego del evento de disociación que es parte del proceso de recreación de la Unidad Existencial; luego del evento de disociación (el llamado Big Bang, referencia (A).1) que ocurre en una hiper galaxia del *Sistema Binario Alfa y Omega*, y de la reasociación en la otra hiper galaxia como parte del proceso de re-energización de toda la Unidad Existencial, y parte del proceso de "recreación", de re-energización y re-estimulación del arreglo de Consciencia de la Unidad Existencial.

Amor es el sentimiento, la inducción primordial de Unidad Existencial que tiene lugar por la pulsación de la Forma de Vida Primordial, de Dios (Figura I), y que reconoce el componente primordial del proceso SER HUMANO, el alma. Del amor, energéticamente, vamos a revisar algo más en la próxima sección.

Como actitud primordial de la entidad absoluta, de la unidad de proceso existencial que se reconoce a sí misma y que es consciente de sí misma (que se entiende a sí misma como la Unidad Absoluta), *amor* es su predisposición a responder ante cualquier circunstancia de interacción con otras entidades de vida a las que reconoce como parte de Sí Misma. La Unidad Existencial no se puede negar a sí misma negando a alguna de sus partes; este sentimiento absoluto es consecuencia de la pulsación primordial y su distribución en la Unidad Existencial que mantiene todo siendo Uno. Nosotros obviamente sentimos el efecto de esta pulsación, fundamentalmente inconscientes de ella, excepto por el efecto, el sentimiento; y respondemos a ella pues estamos siempre inclinados, estimulados por el amor, aunque con las limitaciones y, o distorsiones culturales. Un efecto inevitable inescapable de esta pulsación a un nivel, o consciencia a otro nivel, es la asociación de los individuos de la misma especie; y aunque luego discriminemos culturalmente la asociación, siempre buscamos una asociación entre individuos de la especie.

Somos Uno, somos todos parte de una misma unidad existencial; no podemos dañar a ninguna parte sin dañarnos a nosotros mismos pues... ¡por todo el resto de la existencia es que se nos define a cada uno! **Siendo una individualización del proceso existencial, nuestra individualización se define frente a todo el resto que no somos nosotros.**

Amar primordialmente no significa aceptar cualquier cosa de los demás. No.

Amar primordialmente es extender a los demás lo que nos hace sentir bien a nosotros: compartir los bienes y recursos naturales de todos, y tener las mismas oportunidades de experimentar Quiénes somos o quiénes deseamos ser; es no hacer a los demás lo que no deseamos que nos hagan a nosotros; es extender a los demás la libertad que deseamos para nosotros.

Amar a nuestros enemigos no significa dejarles hacer lo que desean con nosotros; pero si lo hacen, amarles es no buscar hacerles mal sino actuar para evitar que hagan daño y darles la oportunidad para que recapaciten, sin causar daño, sin hacerles sufrir. No se puede cosechar amor sino sembrando amor.

Como en todo proceso, para obtener lo que se desea, en este caso amor, la referencia por la que entonces se debe vivir es amor.

Amor es libertad hacia el amado, algo que pocos entienden y menos aplican en sus experiencias de vida.

Vivir en amor primordial es vivir por el sentimiento de Unidad, pues de la Unidad proviene el sentimiento que estimula a su recreación de sí misma, al ser humano. Entendiendo y viviendo a Dios como la Unidad Existencial jamás actuaríamos discriminando a una parte de Dios, a otros seres que son parte de Dios, de la Unidad Existencial.

Nuestra versión cultural de amor está bastante lejos del amor primordial[Refs.(B).(2) y (C).1]. Para comenzar, no hay amor primordial en tanto haya cualquier tipo de condicionamiento o discriminación en la aceptación de otro ser humano, o para la extensión hacia otros de los derechos naturales y los bienes y recursos de todos, o las oportunidades que deseamos para nosotros mismos.

Regocijo es disfrutar el proceso existencial, el proceso de "adquirir" consciencia, de ir trascendiendo hacia otras dimensiones de consciencia, de "navegar" en el mismo proceso existencial del que somos partes inseparables.

Todo ocurre para nuestro bien, para nuestro beneficio.

Sufrir consecuencias nos hace conscientes de los errores, de las equivocaciones al decidir por un curso de acción u otro. No tendría sentido una vida sin ejercer el poder de creación para resolver retos a la capacidad racional inherente a la trinidad humana, a la individualización del proceso existencial.

Si no deseamos sufrir más, simplemente cambiemos las actitudes frente a lo que ocurre.

No tenemos control de todo lo que ocurre, es verdad; no obstante, *siempre podemos controlar nuestras actitudes frente a lo que ocurre.*

El problema está en las expectativas que tenemos de la vida, las que nos han inducido, por las que luego sufrimos al no realizarlas conforme a un modelo que no necesariamente es el que perseguimos en el alma, en nuestra esencia a la que se nos ha enseñado a mantener quieta, "oculta" dentro y profundamente nuestro.

El problema está también en nuestro temor al mundo que rechaza que sigamos nuestro corazón; está en nuestra dependencia muy arraigada al materialismo como fin en sí mismo, en lugar de ser un medio de soporte para el proceso de conscientización y de creación de las experiencias de vida por las que deseamos mostrar lo mejor de sí mismos. Estamos muy dependientes de seguir al mundo pues se nos enseña que *"el mundo no puede estar equivocado"* cuando el mundo está equivocado; si no estuviera equivocado, entonces ¿por qué tanto sufrimiento e infelicidad a pesar de los desarrollos intelectual y tecnológico de los que tanto se precia la especie humana en la Tierra?

Aceptación es eso, aceptar nuestra manifestación temporal de Quiénes somos en la eternidad. Aceptar lo que ocurrió; sean las razones que sean por las que algo ocurrió, ya ocurrió. Una vez ocurrido algo, no tiene sentido rechazar lo ocurrido, nada lo va a cambiar; en cambio, debemos enfrentar la ocurrencia para resolver sus efectos en lugar de combatirlos rechazándolos. Al rechazar lo ocurrido estamos generando una fuerza que mantiene el efecto perturbador en nuestra estructura de identidad cultural temporal; estamos creando una realimentación positiva (así es como se la conoce en teoría y tecnología de sistemas de control) que distorsiona el proceso de control, *bloquea el proceso de flujo de pensamientos positivos* por el que se re-establece un proceso natural que permite regresar a sentirse bien y crear una solución o reparación de los efectos. **Recordar que el algoritmo de control, el arreglo de identidad, necesita un flujo de pensamientos; siempre controla un flujo de pensamientos que le permita regresar o mantener el estado de sentirse bien.** En cambio, al rechazar lo ocurrido, al no aceptar, nuestra identidad no desea ese evento y lo manifiesta en su reacción, en la emoción que al persistir bloquea el flujo de pensamientos positivos pues la emoción que persiste no está naturalmente vinculada energéticamente a ninguna estructura de pensamientos naturales creativos; así, la identidad se perturba, y deteriora, limita, incapacita el proceso racional, y eventualmente se degenera en casos extremos. Por el contrario, el evento ocurrido debe estimular nuestra capacidad creadora natural del ser humano; debe motivar nuestro proceso racional para crear, para generar una solución a la perturbación en la estructura de identidad, no una solución para el evento en sí que no hay. Al rechazar lo ocurrido, la identidad temporal no concluye el "caso" y no envía una orden al *actuador, al Yo, que es otro nivel de identidad*, y éste no responde puesto que no tiene ninguna "orden" de hacer algo, excepto rechazar el evento. El Yo simplemente no recibe una orden, no hay nada por lo que actuar; el nivel de identidad cultural temporal que le comunicaría alguna orden no le comunica nada; pero la identidad temporal presente sigue disturbada y seguirá así hasta que decida aceptar lo que ha ocurrido y decida atender el disturbio en vez de rechazar el evento... ¡que ya no existe! O, si existe y no puede ser cambiado, entonces hay que crear una solución frente a esa nueva realidad temporal. Podría decidir no hacer nada si no sabe qué hacer, pero es en su beneficio que acepte lo ocurrido de todas maneras, y se libere de tener esa perturbación por la que no podrá regresar al estado natural de tranquilidad, paz, en el que puede pensar y crear. **En la aceptación se abre el camino al reposo emocional que más nos beneficia en el largo plazo.** Mientras que la identidad cultural temporal no tome la decisión, no desaparece la resonancia, la emoción que perturba el estado de sentirse bien y no deja pensar para crear. En la "derrota", al aceptar lo ocurrido, está a nuestro alcance la victoria, que es el sentirse bien. Aceptar no significa no hacer nada, sino no dejarse perturbar, no dejarse afectar la identidad, lo que nos define, Quiénes Somos, ni limitar el potencial ilimitado de nuestras capacidades naturales. ¿Es fácil aceptar? No, no lo es, pero no aceptar lo que no puede ser cambiado no va a llevarnos a ninguna parte.

Con la misma filosofía debemos tomar,
Agradecimiento por Quiénes Somos, por lo que podemos experimentar, y por todo lo que nos ocurre, no solo por lo bueno, porque frente a lo que nos ocurre es que tenemos la oportunidad

de experimentar Quiénes Somos, quiénes deseamos ser; y

Bendición, invocación de la presencia de Dios, de nuestra divinidad, frente a todo lo que nos ocurra, pues estamos preparados íntimamente para ello gracias a Dios, a la consciencia del proceso del que somos partes inseparables... ¡y del que proviene todo lo que ocurre!

Las circunstancias de vida son simples circunstancias que nos dan oportunidades de realizarnos como creadores independientemente de ellas; realización que si no podemos alcanzar se debe nada más que a nuestro temor e ignorancia (por la falta de consciencia, entendimiento) que realimentándose mutuamente inhiben nuestro poder de creación para resolver los efectos emocionales de cualquier situación en la que estemos involucrados.

Lo importante es hacernos *maestros de la vida*, que es no depender de las circunstancias para realizarse a sí mismo frente al proceso existencial conforme a Quién es uno frente a él.

Las más de las veces estamos paralizados por el temor, por la dependencia al modelo del mundo, a su concepto de tener éxito, y por nuestra relación afectiva con quienes nos rodeamos, por lo que no tomamos la decisión de crear en lugar de reaccionar.

Éxito en nuestra experiencia de vida es mantener la libertad primordial; es ser libre de las circunstancias temporales, de todo condicionamiento, prejuicio y expectativa del mundo, de la consciencia colectiva de la sociedad humana, para realizarse a sí mismo conforme a Quiénes somos, a quiénes deseamos ser por sí mismos.

Quiénes Somos es el aspecto inmutable de la consciencia de sí mismo que se sustenta por todo lo que se piense, diga y actúe que le haga sentirse bien en todo momento, frente a toda circunstancia, frente y junto a todos los demás, sin temor, sin tener que ocultarse de nada ni de nadie.

Obviamente, para tener éxito en armonía con el proceso e-xistencial, con Dios, hay una condición natural que es, a nivel consciente, parte de la interacción energética por la que se define a la armonía[b]: actuar con los demás como se desea que se actúe para con nosotros, que es lo mismo que decir que debemos[c] vivir por las *actitudes primordiales.* Vivir por las *actitudes primordiales* es vivir en armonía con Dios; y esto, vivir en armonía con Dios, no va a eximirnos de proble-mas y retos en la vida sino de las experiencias de sufrimien-tos e infelicidades en cualquier y todas las circunstancias de vida.

[a]
Ref.(C).1.
Esta referencia nos provee una extraordinaria explicación de estas *Actitudes Primordiales*, como así también una participación de las cir-cunstancias por las que han sido puestas a nuestra disposición.

[b]
Sección Armonía en la referencia (A).1.

[c]
Dios, la Consciencia Universal, no impone, no obliga a hacer esto o aquello, pero si nosotros deseamos que se nos trate de una cierta ma-nera entonces debemos hacer algo en relación a eso que nosotros deseamos. No hay obligación sino que es lo natural, es la manera en que tiene lugar el proceso existencial y el protocolo de interacciones, el único permanente, eterno, que permite reconocernos Quiénes somos y hacer realidad el propósito por el que estamos en esta manifestación temporal: evolucionar hacia Dios.

XII

Fuerzas Primordiales

Amor y Temor

Origen Primordial del Deseo

En la Unidad Existencial, en el Universo Absoluto del que nuestro universo es uno de los dos componentes de la Unidad Binaria de la Forma de Vida Primordial, hay solo dos fuerzas primordiales: la fuerza de asociación que genera las asociaciones de sustancia primordial que reconocemos como materia, y la fuerza de disociación.

Visualicemos muy rápidamente estas dos fuerzas en el universo[Ref.(A).1], y veamos luego una analogía.

La *fuerza de asociación* tiene lugar sobre un entorno espacial hacia el que convergen distribuciones de energía (distribuciones de sustancia primordial que es la que tiene la energía, la capacidad de generar movimientos) tal como cuando ocurre una contracción de ese entorno, y todo el manto energético universal fuera de él se expande hacia el entorno.

La *fuerza de disociación* es la fuerza opuesta, que disocia lo que se halle en el entorno que se expande porque el manto energético en el que se halla se contrae.

Ahora la analogía.

Tenemos un globo con aire.

Aumentamos la presión de la atmósfera (el aire fuera del globo; el manto energético externo), y el globo se contrae, por lo que se incrementa la *presión interna* entre sus moléculas de aire. Se ha desarrollado una fuerza "extra" dentro del globo, que se opone a la externa, aunque el volumen del globo disminuya. La fuerza extra se transfiere por el cambio en la membrana de separación entre la atmósfera y el aire dentro del globo, en la superficie de goma del globo.

Si ahora disminuímos la presión atmosférica, tal como cuando subimos a la montaña, el globo se expande. Hay una fuerza de disociación interna entre las moléculas de aire dentro del globo por lo que ellas se expanden, y se expande el globo, la superficie energética de goma que contiene al aire, a expensas de la contracción de la atmósfera. (Aunque nos cuesta considerar una contracción en la atmósfera, energéticamente es una contracción, es una disminución de la capacidad de ceder movimiento; es simplemente una inversión en el intercambio de movimiento entre un volumen pequeño, el globo, y otro infinito, la atmósfera).

Lo mismo ocurre ahora en el caso de dos células.

Si ellas pulsan a la misma frecuencia, se pueden asociar o rechazar si la pulsación tiene una fase relativa tal que se atraigan o se repelan.

En las formas de vida conscientes llamamos a estas fuerzas primordiales de asociación y disociación (o fuerzas de atracción o repulsión) como *fuerzas de amor y temor.*

Como acabamos de ver, si las pulsaciones de dos células tienen la misma frecuencia y tienen sus fases recíprocas, es decir que cuando una pulsación está en contracción, la otra está en expansión, y viceversa, las dos células se unen, se asocian, formando una nueva entidad. Cuando esto ocurre, hay afinidad entre ellas, se asocian respondiendo a una atracción energética entre ellas. Cuando se asocian, hay una membrana de asociación que tiene elementos comunes a ambas (que luego en las estructuras complejas da lugar a la *experiencia de amor*); cuando se disocian, hay un entorno que las separa que tiene algunos o todos los componentes de ambas en oposición (que luego da lugar a la *experiencia de odio*, si es extrema la oposición. **Ese entorno puede, y lo hace, formar una nueva identidad temporal, la de odio**).

Todas las asociaciones celulares tienen lugar por un protocolo que ellas tienen en sus membranas de interacción; protocolo que tiene relación también con el ambiente, con el manto energético universal, con su estado de pulsación (con temperatura, presión y magnetismo, en todo el espectro de vida que no está limitado al espectro que alcanzamos con nuestros sentidos materiales).

De la misma manera, cuando hay una atracción entre dos seres humanos, o entre un ser humano y Dios, hay una vinculación energética absolutamente real dada por el estado de pulsación entre ambos; y puesto que Dios siempre pulsa de la misma manera, el que haya una asociación consciente con Dios por parte del ser humano depende solo del ser humano y no de Dios, pues Dios ya ha dispuesto todo en Él para que cuando el ser humano lo decida, se establezca la asociación o vinculación consciente.

NOTA.
Inconscientemente, a nivel primordial, nuestra vinculación energética con Dios es absoluta, permanente, eterna, indisoluble.
La vinculación de la que estamos hablando aquí es del sub-espectro temporal consciente en este entorno de la existencia, en el que tenemos que decidir en ejercicio de nuestra libertad primordial.

En el entorno de la Unidad Existencial en el que se define la vida, en el sub-espectro material binario [Alfa-Omega] sobre el que se extiende la Forma de Vida Primordial (Figura I), la pulsación de ésta es siempre, absolutamente siempre, en armonía entre Alfa y Omega, entre Dios y la especie humana; pero, por temor, el ser humano, en su sub-espectro asignado naturalmente de la estructura de Consciencia Universal, genera componentes temporales que experimenta como una "separación" de Dios, y esto, como parte del proceso de conscientización.

Al estar ambos componentes de la Unidad Binaria Primordial, Alfa y Omega, Dios y la Especie Humana Universal, en armonía primordial por sus estados de pulsaciones naturales, siempre todo lo que piensa Dios llega a la Especie Humana Universal, a todas las formas de vida; es la pulsación por la que se transfiere la información de vida que siempre está disponible para todos sin excepción. Pero el temor temporal desarrollado por nuestra especie es lo que impide reconocer la información que nos llega de Dios. El temor es lo que distorsiona las relaciones causa y efecto naturales, y esas distorsiones en nuestra estructura de identidad cultural temporal son las que actúan como "filtro" de señales primordiales.

El temor impide que se establezcan las relaciones causa y efecto en armonía con el proceso existencial, con el proceso ORIGEN. Al impedir estas relaciones naturales se limita o inhiben componentes que son esenciales para el desarrollo de consciencia, de entendimiento del proceso existencial y de nuestra relación íntima con él. El temor impide que una información o experiencia en el dominio primordial se haga parte de nuestra estructura de relaciones causa y efecto; o hace que se tome una versión limitada o distorsionada.

Cuando amamos, cuando nos dejamos llevar y actuamos por el sentimiento de amor, nuestra estructura biológica, nuestro arreglo ADN pulsa en armonía con Dios porque el concepto *amor (primordial)* está en la portadora de mayor frecuencia de pulsación, en la componente cuya información no es afectada nunca por ninguna otra; es la componente sobre la que se ha demodulado toda la información que resulta ser el proceso SER HUMANO. Para entender el mecanismo energético de esta estructura de pulsaciones necesitamos adentrarnos en las interacciones entre redistribuciones de portadores de energía, de partículas primordiales; pero no es necesario para entrar en armonía con Dios.

EL CELULAR BIOLÓGICO

Al temer se produce un cambio temporal en la componente de pulsación natural de *amor,* y la información o experiencia primordial que se recibe o procesa no se asocia sobre la "capa" de la pulsación portadora *amor* sino de la pulsación *temor,* y por lo tanto, no se puede hacer parte de la constelación *amor* del arreglo de causa y efecto que conforma la identidad cultural temporal.

La pulsación primordial, desde el punto de vista de mecanismo energético, es algo absolutamente involuntario; es consecuencia de reacciones de la sustancia primordial en el manto de fluído universal en el que todo está inmerso[Ref.(A).1]. De manera que el ritmo existencial excita, estimula a todo lo que existe, a todo lo que es, y las reacciones a esta excitación se transfieren por todo el manto energético universal.

Estas pulsaciones en todo el manto de la Unidad Existencial tienen gradientes, es decir, magnitudes que varían según las direcciones espaciales y hacia un entorno de convergencia donde se halla la Forma de Vida Primordial. Este entorno de convergencia de pulsaciones es el dominio material en el que también se halla nuestro universo. Por ello, considerando la pulsación convergente hacia la Forma de Vida Primordial, *amor* es una fuerza, un gradiente de pulsación que se experimenta como una inducción absoluta, inevitable en cierto nivel primordial, que da lugar a deseos primordiales, tales como el deseo sexual; y es también una orientación primordial para las modulaciones del proceso de control de desarrollo de identidad por voluntad. Ahora podemos visualizar el origen energético primordial de los deseos, a los que luego modulamos o afectamos culturalmente. Los deseos naturales tienen una cierta intensidad que luego modificamos temporalmente por nuestros procesamientos racionales.

Amor, temor, deseo, atracción, curiosidad, interés, son pulsaciones, son variaciones rítmicas con frecuencias y magnitudes de oscilación que luego definimos como *fuerzas naturales*. De modo que el ser humano genera fuerzas, genera variaciones de pulsaciones en las moléculas de vida, en las moléculas ADN, y esas pulsaciones se distribuyen en su cuerpo, en su arreglo biológico, y en la "antena", en su membrana de interacción con el resto del universo. Con nuestros pensamientos atraemos otros y modificamos nuestra estructura F/T, nuestro arreglo de causa y efecto, la identidad cultural temporal; esa modificación cambia el estado de pulsación de la entidad biológica, y este cambio genera fuerzas reales, fuerzas que, entre otras experiencias, causan las enfermedades por una parte (si los pensamientos están en desarmonía con el proceso primordial, con la Forma de Vida Primordial de la que somos sus "células", sus unidades de inteligencia), o causan las curaciones (si los pensamientos están en armonía con la Forma de Vida Primordial, con la Fuente); y generamos fuerzas con las que modulamos todo el sub-dominio de vida de la Unidad Existencial, modulación que tiene lugar en un sub-espectro de frecuencias al que no llegamos físicamente sino por sus efectos.

Los deseos naturales provienen de Dios, y el ser humano primero obedece y sigue esos deseos, como el deseo sexual que es una estimulación primordial que siguen todas las formas de vida; pero luego, el ser humano, frente a su consciencia de placer y reconocimiento de su capacidad racional con poder de creación de potencial ilimitado, genera las versiones culturales. Igualmente con los deseos de disfrutar, saber, entender, superarse; son todos ellos estimulaciones para las que el ser humano crea un camino para hacerlas realidad, para hacer realidad estimulaciones primordiales... pero en el camino distorsiona la intención primordial, por falta de interacción con su Fuente, con su proceso ORIGEN. La especie humana cree mayoritariamente en Dios, en una Fuente, pero no busca interactuar conscientemente con Ella, y cuando trata de hacerlo lo hace siguiendo interpretaciones culturales en lugar de liberarse de ellas y buscar la versión original siguiendo sus sentimientos primordiales. Liberarse de las interpretaciones culturales, liberarse del mundo, no significa renunciar al mundo ni a la materialidad, pues incluso a nivel de Dios hay siempre un componente material en la estructura que permite y sustenta la Consciencia Universal, sino que significa no depender de los eventos temporales para reconocerse Quién es y disfrutar la experiencia de ello, de Quién es.

En el caso de temor, el *temor primordial* es una señal de atención primordial. Luego, frente a las experiencias de sufrimientos e infelicidades, el *temor primordial*, la precaución primordial que es para orientar la revisión de las relaciones causa y efecto de esas experiencias de infelicidad y sufrimiento, se distorsiona generando la dependencia de la identidad cultural temporal con las cosas asociadas a sus experiencias de felicidad, por las que crea o genera, a su vez, el concepto humano de la *posesión* y la distorsión del concepto de *evolución natural* en el concepto de *competencia*.

Entre los efectos negativos introducidos por la posesión, no solo material de bienes y recursos de todos, y particularmente en exceso y cuando se hace a expensas de los derechos, oportunidades y sufrimientos de otros, mencionemos la "posesión" que se genera y practica, de una forma u otra, sobre los seres a quienes se les "aman", particularmente en el caso de parejas con las que se pretende formar una unidad de experiencia de vida. No es el propósito de este libro entrar en este tema en particular sino presentarlo como otro de los efectos o modulaciones culturales sobre las estimulaciones primordiales, como también lo es el efecto de discriminación introducido por nuestras prácticas de la competencia racional, prácticas que son distorsiones del concepto de evolución natural. La competencia racional debe ser para evolución, para desarrollo de consciencia, de entendimiento, y para entretenimiento; no como condición para acceder a los bienes y recursos de todos.

XIII

¿Se cayó la línea con Dios? ¿Qué hacer cuando no hay línea directa con Dios?

Excepto por las consecuencias por las que pasamos, las experiencias de sufrimientos e infelicidades,

¿No resulta interesante que el suscriptor del servicio y usuario del *celular biológico* sea también su propio técnico y el único que está calificado para serlo?

¿No hemos establecido contacto consciente con Dios?

Debemos revisar siempre nuestra sintonización, o armonía con el *"Canal Blanco"*, el canal o línea de Dios.

Antes que nada,

¿Reconocemos a Dios realmente, o sólo creemos en una versión cultural de Dios?

En las líneas finales de esta sección podemos ver si el Dios que reconocemos, o en Quién creemos y con Quién deseamos interactuar, es el Dios con Quién realmente podemos hacerlo y no una versión limitada por parte nuestra que nos pone en el "canal" equivocado (Dios es amor; ¿vivimos conforme al amor de Dios?).

Si la interacción con Dios falla, es sólo por nuestra falla, y no de nadie más.

Y en realidad no es que falle la interacción sino el reconocimiento, nuestro reconocimiento, de las respuestas de Dios por limitaciones de nuestro demodulador de señales primordiales, de nuestra identidad cultural temporal que introduce un efecto "filtro" sobre las "señales" que son respuestas de Dios.

Si no podemos establecer la interacción directa consciente con Dios es porque no hemos desarrollado la consciencia de esta interacción y de su protocolo íntimo con cada uno de nosotros; y no podemos desarrollarla hasta que dejemos de ser inconscientes, ignorantes.

Pero, ¿cómo dejar de ser ignorantes interactuando con Dios cuando el inicio de nuestra interacción consciente depende, precisamente, de no ser ignorantes, de ser conscientes de nuestra relación con Dios?

¿Estamos en un círculo vicioso, en un proceso distorsionado sin salida?

No, nunca, jamás. Tiene arreglo, y de inmediato; depende sólo de nosotros, de cada uno de nosotros que deseando establecer esta interacción esté dispuesto a renunciar a aquello que le impide establecerla.

Llegamos a esta manifestación de vida temporal con un nivel de consciencia elemental pero suficiente para "arrancar" por propia cuenta, y con orientación primordial a la que no podemos dejar de reconocer una vez que se nos dice de ella (y de ella se nos ha dicho en numerosas oportunidades).

Somos ignorantes, inconscientes; pero no tanto.

Lo que ocurre es que usamos nuestra ignorancia como excusa frente a lo inexcusable. Es parte de un mecanismo primitivo de defensa de la identidad cultural temporal que reconociéndose a sí misma comienza a manejarse frente al proceso existencial.

Veamos.

Cuando necesitamos, deseamos algo, nos lo procuramos. Podemos pedirlo, pero si no nos lo dan y nuestra vida depende de ello, entonces tomaremos, procuraremos obtener lo que nos hace falta. De igual manera debemos proceder si estamos buscando entender una relación y, o establecer una interacción íntima, individual, particular con Dios. Sea Quién sea Dios a Quién reconocemos, pero a Quién reconocemos obviamente como nuestro origen por el mecanismo que sea que se haya empleado para traernos a la Tierra y entendamos o no algo de ese mecanismo, ¿por qué no buscamos por uno mismo el establecer la interacción consciente con Él? Digámoselo, en el corazón y con el corazón, con nuestra esencia, con nuestro firme propósito de hacer lo que sea necesario para "activar" la interacción, con la firme decisión fundamental para lograrlo.

La decisión fundamental es buscar a Dios, la interacción con Él, por uno mismo.

Esta decisión es el indicador primordial de estar listos para interactuar conscientemente con Dios.

Enfatizamos, y con cuidado.

La decisión fundamental que indica estar listo para interactuar directa y conscientemente con Dios es decidir hacerlo por uno mismo; no obstante, la interacción consciente efectiva no ocurrirá hasta ejecutar la decisión.

¿Quiere que si no podemos hacerlo porque no sabemos cómo hacerlo quedamos descalificados?

No. La decisión de hacerlo y ponerse en ello es lo que nos abre las *"Puertas del Cielo"*, del *Canal Blanco* de interacciones con Dios; pero, como todo proceso existencial, tiene su propio protocolo a seguir, y lo que nos lleva a encontrar, reconocer las *"Puertas del Cielo"*, es el cultivo previo a través del seguimiento de las *orientaciones y actitudes primordiales*. Estas *orientaciones y actitudes primordiales* están siempre disponibles y al alcance de todos.

Estamos permanentemente conectados con Dios.

Somos parte de la misma única estructura de interacciones por las que se sustenta la Consciencia Universal. Nos une un sub-espectro de pulsaciones comunes de las partículas que conforman nuestras moléculas de vida, nuestras moléculas ADN y su distribución en nuestra estructura biológica. Ya vimos que dentro de una nube los colores observados son debidos a diferentes vibraciones de los átomos y, o moléculas de los componentes de la nube. De la misma manera ocurre en el espectro no visible, pero experimentable; nosotros no vemos los "colores" del espíritu, pero los experimentamos: son los sentimientos y las emociones. No obstante, no necesitamos ver esos colores, los sentimientos, sino seguirlos cuando los reconocemos, para "sincronizarnos" con Dios.

La decisión que inicia la interacción consciente con Dios.

Si realmente deseamos establecer la interacción consciente con Dios, lo hacemos en el instante mismo en que decidimos seguir las *orientaciones y actitudes primordiales.*

Las *orientaciones primordiales* son eso, orientaciones; nunca son obligaciones o imposiciones de Dios a nadie; son orientaciones desde el proceso existencial, de Dios mismo, para todas Sus recreaciones de Sí Mismo, nosotros, los seres humanos; son las orientaciones, principios, conceptos por los cuales regir el desarrollo de nuestra capacidad racional y alcanzar la consciencia, el entendimiento del proceso existencial del que somos sus unidades inseparables.

Las *orientaciones primordiales* son,
Eternidad Ref.(A).3, Libro 1, y
Somos Uno, eternamente; "Extiende a todos lo que deseas para ti".

Frente a este reconocimiento primordial, que no requiere ni acepta especulación racional alguna, el proceso racional determina que toda asociación de la especie humana tiene como propósito asegurar que todos los miembros de la especie compartan el medio energético de todos, el planeta, la Tierra, y extiendan a todos lo que desean para sí mismos sin interferirse mutuamente.

De estas *orientaciones primordiales* aparecen luego los tres aspectos de consciencia de la Unidad Existencial, Dios, que le definen,

Amor, Regocijo, Verdad [Ref.(C).1],

y las *actitudes primordiales* por las que se rigen las interacciones en armonía con Dios, ¡por las que Él mismo se rige para con nosotros!,

Amor, Regocijo, Aceptación, Agradecimiento, Bendición [Ref.(C).1].

Al reconocer a estas *actitudes primordiales,* y vivir por ellas, ya estamos en una interacción consciente con Dios.

Lo que nos falta luego es experimentar a Dios, y eso va a tomar algo de tiempo.

No podemos saber cuándo ocurrirá la experiencia de Dios en uno mismo, pero no será nunca posible sino hasta que nos pongamos en ese camino.

¿Por qué no encontramos "línea" con Dios?

Fundamentalmente porque creyendo en Dios no seguimos a Dios, no vivimos en nosotros a Dios en el que creemos, en el que decimos que confiamos, o lo hacemos muy limitada, condicionada y hasta distorsionadamente.

No somos conscientes de la gran distorsión que esta contradicción genera en nuestra identidad temporal condicionada culturalmente, que hemos desarrollado por inducción desde la identidad colectiva del grupo social humano al que pertenecemos y por la que continúa nuestro desarrollo... hasta que decidimos asumir el control de nuestro desarrollo íntimo frente al proceso existencial, Dios, siguiendo lo que sentimos y ya no por lo que nos dicen.

Debemos seguir al Dios que se manifiesta en los sentimientos, no a la interpretación racional limitada ni a las apro-

ximaciones que se practican condicionadas culturalmente.

Dios tiene, o mejor dicho, es la Identidad del Arreglo de Vida Absoluto, de la Forma de Vida Primordial consciente de Sí Misma que se sustenta en la Unidad Existencial que contiene Todo Lo Que Existe, Todo Lo Que Es; en la Unidad Existencial que sustenta un proceso energético de redistribuciones e interacciones entre los infinitos arreglos o asociaciones de sustancia primordial de la que todo se genera y se recrea. La Forma de Vida Primordial es la Célula Primordial Consciente de Sí Misma, y nosotros y todas las formas de vida estamos dentro de Ella; estamos inmersos en Ella, somos partes inseparables de Ella, así como una célula o bacteria de nuestro cuerpo es parte de nuestro cuerpo, y éste es un componente de la trinidad que nos define y sustenta el proceso SER HUMANO, nuestra individualización del proceso existencial.

Si queremos entender necesitamos cambiar nuestra manera de pensar; debemos dejar de tener miedo de "atrevernos a introducirnos en aspectos que nos están vedados". No, no hay nada que nos esté vedado. ¿Por qué querría Dios limitar a Sus recreaciones de Sí Mismo? ¿Por qué querría Dios limitarnos en conocerle? Es absurdo pensar de esta manera, y esta limitación se genera solamente en una identidad desarrollada por temor. Hay misterios, sí, inclusive hasta para Dios mismo, tal como la presencia eterna de la sustancia primordial, pero no necesitamos ir allí ni tampoco podríamos. La sustancia primordial de la que todo se genera y se recrea en nuestro universo simplemente es, y está... ¡desde siempre! Si no hubiera estado, nada existiría; ni siquiera Dios.

Mientras temamos a Dios no podemos establecer una interacción consciente con Dios.

Dios es amor, y temor se opone a amor.

Amor es Unidad Existencial; temor es separación.

Energéticamente, amor y temor son dos fuerzas; ya las hemos introducido, son las dos mismas fuerzas primordiales de la Unidad

Existencial (del universo, si es que nos limitamos solamente a él, al espacio de la Unidad Existencial que alcanzamos desde la Tierra).

No conocemos a Dios los científicos; no conocemos a Dios los religiosos. Sólo pretendemos, lo que no es malo en sí, a menos que por ello se pretenda limitar a otros; y lo malo para uno mismo cuando se pretende que ya se conoce a Dios es que la pretensión no va a permitirle desarrollar el entendimiento, sino la vivencia.

Si Le conociéramos a Dios, entonces viviríamos a Dios en nosotros.

¿Acaso lo hacemos ahora?

Luego veremos, en nuestra intimidad (no es necesario ante nadie más) qué tanto nos fallamos a sí mismos, no a Dios, cuando revisemos las Notas para Cultivar la Interacción con Dios, en la sección final. Inclusive quienes han experimentado a Dios en sí mismos, muchos en nuestra historia, y hasta hoy, no han entendido sus extraordinarias experiencias de Dios en relación a los aspectos energéticos propios de la Unidad Existencial que todos, absolutamente todos, seamos "buenos o malos", conformamos y de la que todos somos partes inseparables.

"¿Por qué Dios no me responde?"

Dios responde siempre.

Que no entendamos la respuesta de Dios es nuestra falla.

Si no estamos en sintonía, en armonía con Dios, la interacción va a "fallar", se va a caer la llamada, no se va a iniciar.

Una de las cosas que nos inhiben de establecer una interacción consciente efectiva con Dios es no vivir a Dios en nosotros, es no vivir por las *actitudes primordiales* que definen a Dios.

Muchos rechazan a revisar sus interacciones con Dios porque ya "conocen a Dios y hablan" con Él, y en realidad no lo hacen. Veamos una pequeña interacción que en alguna oportunidad podría tener lugar con quienes dicen que hablan con Dios y por eso creen que conocen a Dios.

- "No me hables de Dios; yo ya hablo con Dios, tengo mi propia comunicación con Dios" - diría alguien que habiendo mencionado que habla con Dios, sin embargo, ahora no quiere hablar de Dios como se le invita a hacerlo.

- ¿Es efectiva? ¿Le conoces a Dios a través de tu comunicación con Él? - se le motivaría.

- "Oh, sí. Sí".

- De acuerdo, pero sólo déjame preguntarte algo. Para ti, ¿qué define a Dios?

- *"Amor... Sí, sobre todo eso, amor".*

- Cierto. Dios es amor; entonces, ¿por qué discriminas si discriminar es negar el amor de Dios que es incondicional, irrestricto? ¿Practicas el amor que reconoces de Dios y esperas de Él?

- "Yo no discrimino...".

- Lo hacemos todos, por acción o por omisión, conscientes o inconscientemente, y como un ejemplo a mano, al condicionar el acceso a los bienes y recursos de todos a quienes no se han preparado intelectual, racionalmente para ello, como hoy lo hacemos en nuestras sociedades, en nuestros modelos de desarrollo; no estamos hablando de los bienes y recursos generados por el esfuerzo individual, no, sino los bienes y recursos de todos, del planeta, que han sido puestos para todos. Cuando realmente conocemos a Dios no podemos sustentar un modelo de desarrollo en desarmonía con Dios; y sí podemos tener la vida que deseamos sin interferir con el mundo, y sin hacernos parte del modelo sino para experimentarnos frente a él e influenciar en el cambio hacia un desarrollo en armonía con Dios, que en la práctica se muestra sobre todos los integrantes de la sociedad, porque todos tengan acceso a los bienes y recursos de todos, y las mismas oportunidades de desarrollo conforme a sus individualidades.

Si reconocemos a Dios por Sus *actitudes primordiales* y hemos

173

reconocido a Dios como nuestro origen primordial, sea el mecanismo que sea por el llegamos hasta hoy, por Creación o por evolución o por ambos mecanismos, y este origen es la referencia del proceso SER HUMANO que nos define pero luego decidimos que para nuestro desarrollo no vamos a seguir esta referencia que ya hemos reconocido, que es Dios, ¿qué esperamos que resulte de un proceso que no sigue a su referencia?

¡Dejamos de seguir a Dios, **Quién nosotros decimos que es nuestra referencia de desarrollo**, cuando no seguimos Sus *actitudes primordiales* que Le definen y rigen el comportamiento de Él mismo!

Como analogía ya vimos un ejemplo simple.

Si queremos conservar la temperatura de una habitación en 68 grados Fahrenheit, colocamos el punto de ajuste, la referencia en el detector de temperatura, termostato, en ese valor. La temperatura del cuarto será esa, la que fijamos como referencia, luego de un tiempo de proceso en el procesador y controlador del intercambio energético en la habitación. Pero nunca esperaríamos que la temperatura se controle si dejamos que el termostato varíe, se desvíe, o no funcione. De igual manera con la "temperatura" del Ser Humano, de la trinidad energética. La temperatura del cuerpo humano es de 98.6° Fahrenheit, pero la "temperatura" de referencia natural del proceso Ser Humano está dada por el *estado emocional* que reconocemos como *estado de sentirse bien*, y que racionalmente definimos como tranquilos, en paz, libres de temores y preocupaciones.

Destaquemos otra vez que todo proceso energético es para producir la referencia, a otra escala energética.

Si decimos que Dios es nuestra referencia pero luego no seguimos esa referencia que nosotros mismos hemos reconocido y aceptado, esa desviación es la raíz de nuestras experiencias de infelicidades y sufrimientos; al dejar la referencia nos "separamos" de Dios, dejamos de estar en armonía con Dios.

NOTAS

PARA CULTIVAR LA INTERACCIÓN CON DIOS

- *« Tus mejores oraciones son tus acciones en armonía con Dios ».*

- La próxima vez que ores a Dios hazlo hablándole para comenzar una interacción consciente efectiva para desarrollar tu entendimiento del proceso existencial y de nuestra divina relación eterna con Él. Escúchale en tus profundos sentimientos, siéntele en la paz, en la calma.

- Si pides a Dios por algo, que sea por orientaciones para crecer en consciencia; y pídele para los demás, porque al comenzar tu relación con Dios, con la Consciencia Universal, con el proceso ORIGEN, tú ya tienes todo al alcance tuyo.

- *« Ora para agradecer a Dios ».*

- Vive a Dios en todas tus acciones.

- Si quieres tener éxito en el mundo, sigue al mundo.

- Si quieres tener éxito frente a Dios, sigue a Dios.
  Seguir a Dios es para alcanzar nuestra mejor versión de nosotros mismos, que es Dios mismo. Seguir a Dios no significa renunciar a disfrutar, sino, por el contrario, es el camino para disfrutar plenamente.

- Atrévete a preguntar a Dios todo cuanto deseas saber, entender. En tus preguntas tú muestras para qué estás listo, y Dios va a responder a todo cuanto te acerque a Él. O mejor dicho, vas a comenzar a reconocer y seguir las respuestas que siempre están al alcance tuyo, al alcance de todos en realidad, pero que ahora por tu decisión y ejecución de tu decisión es que puedes reconocer por ponerte en el "canal" de Dios.

- **Tener miedo de revisar la Verdad es no estar en la Verdad.**
No temas cuestionar qué crees de Dios. Dios es la Verdad y va a apoyar tu búsqueda de la Verdad. Nunca podrás entender lo que rechazas entender. Para entender tienes que explorar todas las posibilidades para poder reconocerte a tí mismo frente a ellas.
El temor nos conduce a una experiencia de "separación" de Dios, de disociación de Dios porque el temor introduce una realimentación en ese sentido en el arreglo de control del proceso SER HUMANO (que vimos en la sección VIII).

- **Creer en Dios no es suficiente.**
Tienes que actuar conforme a lo que tú crees para que lo que creas se haga realidad. Recordar que lo que se cree es la referencia del proceso racional para hacer realidad esa referencia. Si crees en Dios y quieres hacerle realidad tienes que seguir el "algoritmo" que define a Dios: *Amor, Regocijo, Verdad.*

Si creer no basta, entonces, ¿cómo ocurren los milagros?
Una cosa son las curaciones por sí mismo, por creer, por actuar conforme a lo que se cree; otra cosa son los milagros, las manifestaciones desde el proceso existencial que se reconoce a sí mismo, Dios, para estimular el desarrollo de consciencia incorporando las manifestaciones primordiales como parte de las relaciones causa y efecto por las que se define y sustenta el ser humano como individualización del proceso existencial.

- Extiende a los demás el Dios que alcanzas para ti.
Amar es extender al ser amado lo que se es, y lo que se desea

para sí mismo.

Amar es hacer libre al ser amado. No haces libre a nadie si le impones tu versión del bien y del mal. Debes dejar que quién amas tenga su mejor oportunidad de experimentarse a sí mismo, y de estar junto a él o ella cuando lo necesite.

Amar es apoyar al ser amado a encontrar en sí mismo su mejor versión de sí mismo y hacerla realidad.

- No se puede amar a nadie a expensas de la felicidad propia.

- No se puede hacer feliz a nadie a expensas de la felicidad propia, aunque sí a expensas de renunciar a lo que se desea para sí mismo porque eso le permite experimentar otro aspecto de sí mismo.

- No amas si exiges amor.

- No se posee lo que realmente se ama.

- No se puede justificar apartarse del bien (de tus sentimientos) por amor a nadie. Eso es una distorsión; no es amor.

- Toma toda relación con otro como una oportunidad para experimentar lo mejor de ti mismo frente al otro, para experimentar en ti mismo al Dios que has alcanzado.
  Dejar una relación conflictiva que no sirve al propósito para el que se estableció es la mejor opción si uno no se realiza a sí mismo en ella. Recordar que toda relación debe servir al propósito de conformar una unidad de creación del propósito común conservando el estado individual de sentirse bien.

- Dios es la Unidad Existencial, Todo Lo Que Es, Todo Lo Que Existe; es el proceso existencial consciente de sí mismo; es la Consciencia Universal de la que somos unidades de inteligencia, unidades de interacción.

- **Reconocemos a Dios por inducción primordial que proviene de Dios. Al igual que los niños que reconocen el latido del corazón de su madre, nuestra alma reconoce la pulsación primordial.**

- **¿Cómo reconocemos la versión absoluta de Dios y la mejor versión de nosotros mismos?**

  Somos un proceso en evolución de nuestro desarrollo de consciencia de Dios, Quién nos hace absolutamente libres para reconocernos o definirnos por sí mismos frente al resto de la existencia. Sólo hay una orientación absoluta, mandatoria para arribar a Dios, para hacerse parte consciente de Él: *amor primordial*; es obvio, pues Dios es amor.

- **Propósito de Dios en el ser humano.**

  El propósito de Dios en nosotros, seres humanos, es el proveernos las herramientas y el ambiente para realizar las experiencias de vida que creamos, todas y cualesquiera que sean, las que irán evolucionando a medida que evolucione nuestra consciencia, el entendimiento del proceso existencial, nuestra relación con Él, y el propósito en Él y por Él.

- **Propósito de Vida.**

  "Hay solamente un propósito para todas las manifestaciones de vida, y es el que tú, y todo lo que vive, experimenten su mayor Gloria" [Ref.(C).1].

  Gloria es la experiencia de esplendor, de éxtasis que acompaña a la realización de toda creación de sí mismo por sí mismo frente al proceso existencial.

  "Mi propósito al crearte, <u>Mi reproducción espiritual</u>, fue para que Yo pudiera conocerme a Mí Mismo como Dios. Yo no tengo otra manera excepto a través de ti. Por lo tanto, puede ser dicho (y ha sido dicho muchas veces) que Mi propósito para ti es que tú puedas conocerte a ti mismo como Dios" [Ref.(C).1].

  "Esto parece muy simple, sin embargo, se hace complejo por-

que hay solamente una manera para ti de conocerte como Dios, y es que antes te conozcas a ti mismo como lo que no es Dios" Refs.(A).3, Libro 1 y (C).1.

- **Razón para hacer lo que deseas.**
"Hay una sola razón para hacer lo que deseas: como una declaración al universo de Quién eres tú. Usada de esta manera, la vida se hace creativa de sí misma" Ref. (C).1,
y para saber Quién Eres y crear la experiencia de Quién Eres.

La vida es un proceso eterno de recreación de sí misma de la Unidad Existencial, y de sus unidades que la conforman.
Nos mantenemos *recreándonos a imagen y parecido de Dios*, del proceso existencial consciente de sí mismo, del que somos sus unidades de inteligencia en desarrollo de consciencia, de acceso a la estructura de Consciencia Única, primordial, e integración al proceso que sustenta la conscientización de la Unidad Existencial.
"Tú usas la vida para crearte a tí mismo como Quién Tú Eres, y Quién Tú Siempre Has Deseado Ser" Ref. (C).1.
"Hay una sola razón para deshacer algo: porque ya no es más una declaración de Quién Quieres Ser, ya no te representa, no te refleja" Ref. (C).1.

"Si deseas ser precisamente representado, debes trabajar para cambiar en la vida todo aquéllo que no encaje en la imagen de ti mismo que proyectas hacia la eternidad".

- **Relación entre Dios y el Hombre, el Ser Humano.**
Somos la Recreación de Dios.
Somos unidades de inteligencia del proceso existencial, con capacidad de acceso a la estructura de consciencia de la Unidad Existencial.
Tenemos una sociedad con Dios;
una relación eterna inseparable, inescapable, con el proceso

existencial consciente de sí mismo.

- **El Mejor Regalo de Dios al Hombre.**
Amor incondicional.

- **La Promesa Más Grande de Dios al Hombre.**
Potencial ilimitado de nuestro poder de creación.
"Mi Promesa es darte lo que pides" [Ref. (C).1],
     NOTA DEL AUTOR.
     Es darte lo que pides que te "acerque" a Dios, que te haga
     consciente, entendedor de Dios, del proceso existencial, pues
     todo lo demás ya te ha sido dado por adelantado.
"Tu promesa (la del ser humano) es de tu creación.
Ahora tú preguntas (buscas), deseas entender el proceso de
preguntas y respuestas, el Protocolo de Comunicaciones Pri-
mordiales, y Yo te respondo, te guío, te oriento" [Ref. (A).3, Libros 1, 2 y 3].

- **Voluntad de Dios.**
"Es la voluntad de Dios",
dicen los religiosos, sin saber cuál es realmente la Voluntad de
Dios.
La Voluntad de Dios es,
"Que tú conozcas y experimentes Quién Eres, para lo que Yo
permitiré que te conduzcas a ti mismo a cualquier evento o ex-
periencia de vida que elijas, para crear con el propósito de que
logres experimentarte a ti mismo frente a ella";
"Quién Eres es un Ser de mucho mayor consciencia que la que
estás exhibiendo ahora, en este momento" [Ref. (C).1].

- **La Función de Dios.**
No es resolver nuestros problemas por nosotros, no; es recor-
darnos Quiénes Somos, orientar nuestro reconocimiento.

- **Libertad Primordial.**
Si Dios nos otorgó libre voluntad no puede negarse a Sí Mismo

pidiendo, esperando obediencia.

No lo hace; no hay tal cosa como "Mandamientos de Dios" [Ref. (C).1]; los Mandamientos son Sus sugerencias, orientaciones.

- **¿Cómo sabemos que hemos tomado la orientación, el Camino hacia Dios?**

Cuando vivimos por alguno de los tres aspectos que definen a Dios (*Amor, Regocijo, Verdad*); fundamentalmente cuando vivimos por el *amor* de Dios;

cuando nos desarrollamos por las *orientaciones primordiales*;

cuando frente a todo, y con todos, reaccionamos e interactuamos regidos por las *actitudes primordiales;*

cuando nos guiamos por las diez Sugerencias de Dios, no por Sus "Mandamientos" que nunca fueron tales. Si seguimos las Sugerencias de Dios, nos libramos de las experiencias de infelicidad y sufrimientos, es lo que Dios nos dice; no nos obliga, nunca. Quién ama no puede obligar, no puede dejar de respetar la libertad de voluntad del amado.

- **Algo más sobre Dios.**

Dios nos orienta desde siempre, por siempre.

Dios es orientación.

Para quienes reconocen a Dios conforme a alguna interpretación religiosa, cultural, de las manifestaciones primordiales, tenemos la siguiente estimulación, orientación desde Dios mismo, para el caso de las sociedades judeo-cristianas,

> « *Yo Soy, Dios, Tu Señor (Guía),*
> *Quién te liberará de la esclavitud (de la ignorancia, la*
> *falta de consciencia, y el temor)* »,
> *Dios a Moisés.*

Dios es el nivel de consciencia del proceso existencial consciente de sí mismo, Unidad Existencial, que alcanzamos.

Por eso algunos antiguos hablaban de otros dioses subordinados al Único; y otros interpretaron mal a la consciencia colectiva que dio origen a la especie humana en la Tierra, siendo esa consciencia colectiva el primer nivel de desarrollo de la recreación del proceso existencial en este entorno (la que ahora se "mueve" o evoluciona hacia la dimensión primordial).

Dios es nuestro origen y el propósito hacia el que vamos.

« *Yo Soy,*
Alfa y Omega, Principio y Fin ».

En la estructura de control del proceso existencial vimos qué significa que Dios sea el principio (referencia; estimulación, origen) y el fin (propósito) de una función de control.

- **¿Por qué no vemos a Dios?**

  Estamos inmersos en Dios.

  Todo lo que nos rodea es parte de Dios, de la Unidad Existencial.

  Cuando nos zambullimos en el océano vemos agua, vida acuática, arena en el fondo, corales; sobre todo, agua, interminable cantidad de agua. Desde dentro del océano no vemos el océano, sino lo que contiene. Océano se define cuando es visto desde fuera de él, en relación a lo que no es océano.

  Igual ocurre con Dios.

  Estamos inmersos en Dios y vemos todo lo que Dios contiene, el "océano" del universo, del hiperespacio de existencia.

- Para todos,

  en la práctica, por nuestras acciones, por nuestras vivencias, nuestro Dios o dios es Aquél o aquéllo, a Quién o a lo que le entregamos nuestra vida; es por Quién o por lo que vivimos; es Quién o qué motiva nuestros mayores esfuerzos.

- **Nadie representa especialmente a Dios en la Tierra.**

  Todos y cada uno de los seres humanos somos individualizaciones particulares, especiales, únicas de Dios.

  Todos y cada uno de nosotros representamos a Dios, a un aspecto de Dios, ninguno más importante que otro sino con una función particular de un mismo y único propósito primordial para todos.

Quién clama una representación especial de Dios no ha entendido a Dios.

Dios es amor indiscriminado, luego nadie tiene una ascendencia particular sobre otro.

Solo hay mayor consciencia del proceso existencial en unos respecto de otros porque somos de generaciones primordiales diferentes; y en todo caso, mayor consciencia implica mayor responsabilidad, y no privilegio que es un concepto cultural, no primordial. Primordialmente lo que hay es justicia, de todo para todos; es lo justo, Somos Uno. Todos y cada uno tenemos una orientación particular para llegar al mismo fin de todos y solo debemos crear ese camino particular que nunca, jamás limita el de otro.

Quién clama poseer la Verdad no está en armonía con la Verdad.

No es realmente Dios Aquél de Quién se interprete que condiciona el disfrute del proceso existencial por el ser humano. Disfrutar el proceso existencial es el único propósito de la existencia, ¡es el único propósito de Dios! Solo hay que cuidar de no interferir en el derecho de otro, o dicho primordialmente, en la libertad del otro. Es parte de nuestra creación el encontrar el camino por el que no nos interfiramos mutuamente en la prosecución de la realización de nuestras experiencias individuales, íntimas de vida.

Dios es Amor, <u>Regocijo</u>, Verdad.

No hay representantes especiales de Dios, sino orientadores que se reconocen por su nivel de consciencia por la que asumen su responsabilidad inherente a la consciencia: de *administrar y garantizar los recursos de todos y para todos, para que todos y cada uno de los individuos de la asociación puedan realizar sus propósitos sin interferir en el de otro, sin violar el derecho natural de otro, sin violar la voluntad de otro que esté en armonía con este principio existencial;* son quienes en todo momento tienen presente que el proceso existencial *es el proceso primordial, innegable, en el que nos hallamos inmersos y del que somos partes inseparables, que permite y sustenta la realización de sí mismo, y por sí mismo, conforme a lo que el ser humano, individualización local, temporal de ese proceso, va reconociendo, imaginando y creando durante su experiencia vivencial para realizarse o experimentarse a sí mismo frente al proceso primordial que alcanza.*

Habla de Dios Absoluto quién muestra las orientaciones primordiales para llegar a Dios, orientaciones presentes en todos y cada uno, y respeta la decisión individual; no es el que impone cómo llegar a Dios.

Dios es <u>Amor</u>, Regocijo, Verdad.

Amor es extender lo que se desea para sí mismo, incluyendo libertad de experimentar lo que se desea.

Para hacernos conscientes de Dios, entenderle, no debemos limitarnos en el disfrute de la vida sino que debemos dejar de hacer lo que nos impide entenderle. No podemos entenderle si ignoramos Su presencia en las manifestaciones primordiales por las que nos estimula a mejorar nuestra experiencia de vida y no a dejar de disfrutarla. <u>Si lo que buscamos es dejar de tener experiencias de infelicidades y sufrimientos, entonces será mejor dejar de hacer lo que genera esas experiencias indeseadas.</u> Si deseamos dejar de enfermarnos debemos dejar de consumir lo que nos enferma. Si decidimos que no podemos dejar de disfrutar las cosas "buenas" de la vida, y esas cosas "buenas" nos generan sufrimientos e infelicidades ¿dónde está nuestra extraordinaria capacidad racional para establecer las relaciones causa y efecto por las que buscamos incrementar el disfrute de la vida, el proceso existencial? ¿Es que la experiencia, otro medio de comunicación de Dios, no nos dice nada?

Imponer un camino vivencial a otro es limitar la libertad primordial del otro. Eso no está en armonía con Dios.

Una vez más,

Quién asume una representación particular de Dios frente a los demás no está en la Verdad. Todo ser humano en una individualización particular, única, especial de Dios. Todos los seres humanos conforman a Dios; o mejor dicho, todas las especies de vida son partes, unidades de la Inteligencia de la Forma de Vida Universal.

- **Amor Primordial y la Relación que Deseo Experimentar. (Mi revisitación).**

Amor primordial es experimentarme en, y por los demás, Quién Soy, *imagen y semejanza* de Dios.

Soy definido por los estados de consciencia de *Amor, Regocijo, Verdad, y Somos Uno eternamente*, para disfrutar; extendiendo a lo demás Quién Soy, viviendo Quién Soy; **Somos Uno (*Amor*) eternamente (*Verdad*) con el único propósito de disfrutar (*Regocijo*).**

La experiencia que mejor me muestra Quién Soy es la de vivir extendiendo a todos lo que me hace feliz, lo que deseo para mí.
Deseo amor, doy amor, que es parte de lo que me define;
deseo felicidad, doy felicidad, que es parte de lo que me define;
deseo abundancia, doy abundancia de mí, pues es la abundancia que tengo para siempre, eternamente.
Para darme a los demás Quién Soy es que me hago libre para hacerlo. No puedo dar lo mejor de mí si no soy libre para experimentarme Quién Soy.
Si condiciono o limito a otro, eso no es amor.
Si se me exige cambiar Quién Soy en nombre del amor, no puedo permitirlo; eso no es amor y la distorsión va a afectarnos a ambos, tanto a quién me lo exige como a mí. No puedo re-

nunciar a Quién Soy, no puedo negarme Quién Soy. Exigirme no es amor, y si lo permito contra mí mismo entonces niego el amor que dije que es parte de lo que me define.

No puedo vivir Quién Soy negando en mis actos Quién Soy sin sufrir consecuencias de un proceso que niega su propia referencia.

Ama quién permite al amado a expresarse libremente sin prejuicios ni condiciones.

Ama quién estimula y, o despierta lo mejor de sí mismo del amado.

Ama quién soporta la realización plena de la experiencia de vida que envisiona su amado; y orienta, si fuera necesario, al amado a que vea lo que le aparte de la mejor versión a la que puede alcanzar y hacer realidad por sí mismo.

Ama quién no genera inhibiciones ni temores en el amado por ninguna expectativa que limite el disfrutar el proceso existencial; y esto, mientras se disfrute sin condicionar, limitar o afectar la voluntad de otros.

No hay amor sino distorsión de amor en una relación en la que uno pida a otro actuar contra su voluntad o que ignore sus sentimientos cuando algo le afecta Quién Es, quién desea ser.

- **_Amor primordial_ se experimenta, no se define racionalmente.**

  Amor primordial es una respuesta primordial, del alma, a una _estimulación primordial_ de la Unidad Existencial hacia sus recreaciones de Sí Misma.

  Si queremos aproximarnos con una interpretación cercana al concepto primordial, _amor primordial_ es entregar a los demás Quién se Es, extender a los demás lo que le hace ser feliz a uno,

  > _Esto que te doy, Yo mismo, es lo que me hace feliz; no lo que me pides ni porque me lo pides._

Nunca puedo darte lo mejor de mí si no soy libre de dártelo como Yo Soy, por lo que me hace o me define a mí mismo.

Amar es estimular a otro a encontrar su camino para experimentar la felicidad, pero nadie puede experimentar por otro; sólo puede estimular, apoyar el camino para que el ser amado experimente felicidad. No se puede dar felicidad sino ayudar para que el ser amado experimente la felicidad primordial y *el estado de sentirse bien primordialmente*, seguro junto al que se ama, disfrutando quiénes son, individualmente y juntos, y eso no depende de los medios materiales que tiene quién ama y ponga a la disposición del que ama, sino de ser y actuar como se es, simplemente, y disfrutarlo; son las actitudes culturales las que usualmente enmascaran el amor primordial cuya versión simplificada es extender a los demás lo que nos hace felices. Al principio de nuestra experiencia de vida en la Tierra la especie llega con amor primordial; luego va enmascarando, afectando, modulando el amor primordial con el desarrollo del proceso racional por el que se generan las interpretaciones y sus prácticas culturales que se hacen parte de las identidades culturales temporales, individual y colectiva, que nos llega hasta hoy. Esta "corrupción", distorsión de la versión primordial u original del amor, aunque es lo que abre el camino al temor y genera los males y sufrimientos del mundo, es parte del proceso de desarrollo de nuestra consciencia, de entendimiento del proceso existencial ("corrupción" que luego vamos rectificando a medida que nos conscientizamos).

Sólo se puede amar primordialmente lo que se es.

Amar con condicionamientos, amar comprometiendo la libertad del amado, son meras distorsiones del concepto primordial de amar. Amar es para compartir lo mejor de sí mismo con el ser amado; lo mejor de sí mismo surge cuando se disfruta de total libertad de expresar lo mejor de sí mismo, o para crear una manera para hacerlo. Amor es algo que se da, no que se pide. Amor primordial se experimenta en ambos, tanto por el que lo da como por el que lo recibe, porque no se limita ninguno quién se es, sino que se fortifica en eso, en el amor dado y recibido, mutuo.

Debemos tener siempre presente que exigir algo como muestra de amor, en nombre del amor, no es amor. Amor es libertad.

Primero tenemos que ser, reconocernos felices nosotros mismos, para extender la felicidad a otro. No podemos extender, dar a otro, lo que no somos, lo que no poseemos.

- **El proceso existencial, Dios, se ama primero a Sí mismo,** de lo contrario ¿cómo podría darse a Sí mismo en Su recreación de Sí mismo?

  El proceso existencial es sólo uno, no puede ser ningún otro; se reconoce a sí mismo, se sustenta a sí mismo, y se concede a sí mismo ¡concediendo todo a todas sus recreaciones de sí mismo! para poder disfrutar ambos, el proceso y sus recreaciones de sí mismo. ¿Acaso puede Dios experimentarse a Sí Mismo si no es a través de todas sus individualizaciones a Su *imagen y semejanza*?

- **Mi compañera (o compañero) de Vida.**

  La relación que deseo está orientada por *amor primordial*, no por una versión cultural.

  La relación que busco establecer con una compañera de vida es eso, compañerismo, para disfrutar juntos la experiencia de vivir sin prejuicios mientras crecemos en consciencia, en el entendimiento del proceso existencial; para experimentarse uno en el otro, y los dos juntos frente al proceso ORIGEN, a Dios, y frente a todos los demás que son parte de Él.

188

La relación que busco es una relación de seguridad, confianza, honestidad mutua; una relación totalmente abierta entre ambos, sin inhibiciones y sin crear inhibiciones, por la que podamos sentirnos seguros de que aunque nos equivoquemos en la realización de las experiencias que soñamos, imaginamos, creamos o deseamos de alguna manera para expresar Quiénes Somos o queremos ser, siempre podamos compartir entre ambos lo que cada uno experimenta, siente, sin ser limitado, condicionado, criticado, juzgado por nada, sino experimentar ambos lo mejor de sí mismo en el otro. Lo mejor de sí mismo en el otro es respetar su libertad primordial (inherente a todos) de decidir siempre por sí mismo, a expresarse por sí mismo sin ataduras, sin condiciones, sin presiones; a expresar los sentimientos y emociones frente a las experiencias compartidas; es respetar la preferencia del otro y buscar una opción que sea satisfactoria a ambos, y si no la hay, respetar la decisión del otro; todo tal y como se desea que se proceda hacia uno mismo, y si no se encuentra coincidencia en esta relación definida así, entonces liberarse de ella en beneficio mutuo, sin rencores y agradeciendo a Dios por la oportunidad de seguir experimentando Quién se Es, quién se desea ser.

- **Sentirse bien en toda circunstancia de vida es el estado primordial del ser humano; es indicador de estar en armonía con el proceso existencial, con Dios.**
  La felicidad es una emoción, es un estado transitorio.
  Nos sentimos bien amando, no temiendo; disfrutando el proceso existencial sin depender de los resultados en sí, y disfrutando la experiencia del ejercicio del poder de creación.

- *« Rectifica, no destruyas »* Ref.(A).3, Libros 2 y 3.
  Rectifiquemos las equivocaciones sin destruir.
  Tengamos presentes que por lo que ahora pudiéramos desear destruir es que nos hicimos conscientes del error. Aprendamos

189

a manejar el pasado y las experiencias en él, para crecer en consciencia. Trabajemos por el cambio, no por la destrucción.

Autor

Juan Carlos Martino es Ingeniero Electricista Electrónico gradua-
do en la Universidad Nacional de Córdoba, Argentina.

Inició su actividad profesional en Área Material Córdoba de la
Fuerza Aérea Argentina, en la Sección Electrónica de la Fábrica
Militar de Aviones, antes de buscar nuevas experiencias de vida,
primero en Venezuela, donde trabajó en la Refinería de Amuay de
Lagoven, Petróleos de Venezuela, y luego en Texas y Colorado,
en los Estados Unidos.

Juan y Norma, su esposa, viven actualmente en San Antonio,
Texas, luego de pasar casi once años en Longmont, Colorado,
donde Juan terminó de prepararse para participar al mundo la experiencia de su encuentro con Dios, con el Origen Absoluto, el
Proceso Existencial Consciente de Sí Mismo, que tuvo lugar en
Sugar Land, Texas, el 4 de Julio de 2001. Esta preparación tuvo
lugar en interacción íntima con Dios en sus exploraciones de los
glaciares de Colorado, en el Parque Nacional de las Montañas
Rocosas, luego de haberse movido a Colorado con este propósito
en Marzo de 2003.

Juan y Norma tienen tres hijos, Mariano, Omar y Carlos.

Desde muy pequeño Juan sintió atracción por la lectura primero, que le abría su imaginación, luego por la electrónica, que le
permitiría más adelante, por su interés particular por las aplicaciones elementales de circuitos resonantes, tener la experiencia que
necesitaría para trabajar con las orientaciones primordiales que
recibió de Dios, para finalmente entender el proceso existencial y
consolidar las leyes energéticas por el *Principio de Armonía* que
rige la evolución del proceso de recreación del universo a partir
del fenómeno temporal que la ciencia reconoce como Big Bang.

Esta consolidación coherente y consistente de las leyes energéticas en todos los entornos locales y temporales del universo es lo que nos permite tener el *Modelo Cosmológico Consolidado,* que describe la Unidad Existencial de la que nuestro universo es un entorno temporal que se recrea periódicamente por un proceso al alcance de todos. Este modelo consolida los dos dominios de la existencia, el dominio material que se alcanza con los sentidos del ser humano y la instrumentación que ha desarrollado, y el dominio espiritual o primordial en el que se halla inmerso el material y que se alcanza a través de la mente. Este *Modelo Cosmológico Consolidado* resuelve los dos retos racionales más grandes de la especie humana en la Tierra, científico uno, el *Origen y Evolución de Nuestro Universo*, y teológico el otro, la *Estructura Energética de la Trinidad Primordial* que la cristiandad reconoce como Padre, Hijo, y Espíritu Santo.

Si desea contactar a Juan Carlos Martino puede hacerlo por e-mail a la siguiente dirección,
jcmartino47@gmail.com

Apéndice

Otros Libros y Proyectos

La relación entre Dios y el ser humano, y la interacción íntima, particular, consciente, con Él

REFERENCIAS (A).

Disponibles en Amazon.com, Inc.

1.
Antes del Big Bang.
Quebrando las barreras de tiempo y espacio.
Entrando a la mente de Dios, del proceso existencial consciente de sí mismo.

2.
Con Corazón de Niño.
Dios, Tú y Yo, Compañeros en el Juego de la Vida.
Guía para la creación de un propósito o la experiencia de vida que se desea.

3.

Libros de la Serie,

Hechos, La Manifestación de Dios Tal Como Sucedió.

Libro 1, *¿Qué le Sucedió a Juan?*

Libro 2, *El Regreso a la Armonía,*

Libro 3, *El Proyecto de Dios y Juan.*

Estos libros cubren la extraordinaria experiencia de Juan por la que se le abrieron *"las Puertas del Cielo"* y a través de las cuales pasó a otra dimensión existencial, a otra dimensión de la Realidad Existencial. De allí nos trae Juan el mecanismo primordial que rige la interacción íntima consciente con Dios, con el proceso ORIGEN del que provenimos y somos partes inseparables, y las orientaciones e información que necesita el ser humano para alcanzar y entender las respuestas a las inquietudes fundamentales de la especie humana en la Tierra, tener la experiencia de vida que desea, y realizar la mejor versión de sí mismo que alcanza a visualizar.

El autor puede ser contactado a través de e-mail,

jcmartino47@gmail.com

Próximamente se iniciará a través de las redes sociales una acción de interacción sobre estos libros y sus tópicos, y la participación del *Modelo Cosmológico Consolidado* al alcance de todos.

Los interesados también tendrán información de acciones, eventos y publicaciones en Youtube,

https://www.youtube.com/channel/UCVoAjWGLbdDMw7s6 4bqOYjA

En este momento, en Youtube hay algunos videos sobre el calentamiento global en la Tierra que fueron publicados en la primera fase de participaciones, antes de la preparación de los libros.

También podrán acceder al website,

www.juancarlosmartino.com

que será re-diseñado para apoyar todas las acciones referentes al *Proyecto de Dios y Juan.*

El rediseño de este website se espera ser llevado a cabo hacia el primer trimestre del año 2016. Si el rediseño no estuviese listo, al menos habrá una nueva primera página en español para canalizar la información referente al Proyecto y todas las publicaciones.

Se espera tener los libros del apartado B.(I) listos y a disposición de los lectores en el primer semestre del año 2016.

Los libros del apartado B.(II),

¡Yo Soy Feliz!,

Bioelectrónica de las Emociones, **vols. 1 y 2,**

debido a sus extensiones, serán revisados a mediados del próximo año y publicados en una primera versión en formato 8.5"x11" para ponerlos pronto a disposición de los lectores. Una segunda versión en formato 6"x9" se preparará y publicará más adelante.

REFERENCIAS (B).

(I). Al alcance de todos.
1.
Diosiño, Dos Mil Años Después.
Alcanzando por ti mismo las respuestas que el mundo no puede darle a tu corazón de niño.

2.
Dios,
Consciencia Universal.
Origen del Concepto Dios en la Especie Humana en la Tierra.

(II). Más avanzado, que incluye la primera versión de la introducción al *Modelo Cosmológico Consolidado*,

3.
¡Yo Soy Feliz!
Bioelectrónica de las Emociones, Vols. 1 y 2.

Ciencia y Espiritualidad de las Emociones,
Al alcance de todos, para todos los intereses del quehacer
humano.
Dios, proceso existencial consciente de sí mismo, ¡es real
dentro nuestro!
Hoy podemos explorar la inseparable presencia de Dios en la
trinidad energética que nos define y el proceso existencial
que está codificado en la estructura ADN de la especie huma-
na.
Origen de las emociones en los arreglos biológicos de la especie
humana y su función en el control por sí mismo, de sí mismo del
ser humano, para el desarrollo de su consciencia, de entendimiento del proceso existencial, la vida, para experimentar, sana y
felizmente, la realización de sus deseos y creaciones; y
una motivación íntima, personal, individual, particular, a explorar
el proceso existencial del que provenimos, y del que somos partes inseparables, para entender nuestra función y propósitos, individual y colectivo, en él, a través de él, frente a cualquier y todas
las circunstancias de vida por las que nos toque pasar.

Volumen 1.
El Ser Humano es una individualización del Proceso Existen-
cial del que proviene a *imagen y semejanza*.

Volumen 2.
¡Yo Soy!
El Creador de Mi Realidad.

OTRAS REFERENCIAS (C).

1.
Conversaciones con Dios,
Neale Donald Walsch.
G. P. Putnam's Sons Publishers, New York.

2.
Pide y Se Te Dará,
Esther y Jerry Hicks.
Tres pasos para alcanzar lo que deseas,
- Pides;
- El Universo responde;
- Permites que la respuesta fluya hacia ti.

En este libro fascinante y profundamente espiritual, Jerry y Esther Hicks trascienden el plano físico para transmitirnos las enseñanzas de un grupo de entidades superiores que se denominan a sí mismas Abraham: un verdadero manual de espiritualidad, que incluye inspiradores ejercicios para aprender a pedir y a recibir todo aquello que deseamos ser, hacer o tener. Los autores de *El libro de Sara* nos ayudan a comprender nuestra naturaleza como creadores, y nos enseñan a confiar en las emociones para descubrir si nuestro pensamiento está vibrando en armonía con el ser. Nos invitan también a poner en práctica veintidós procesos creativos que nos situarán en la vibración adecuada para hacer nuestros deseos realidad: meditaciones, afirmaciones, interpretación de sueños, construcción de espacios de creación... Es el derecho de todo ser humano el gozar de una vida plena; este libro constituye la mejor herramienta para conseguirlo.

3.
Amar lo Que Es,
Cuatro preguntas que pueden cambiar tu vida,
Byron Katie, Stephen Mitchell.
   ¿Es eso verdad?
   ¿Tienes la absoluta certeza de que eso es verdad?

¿Cómo reaccionas cuando tienes ese pensamiento?

¿Quién serías sin ese pensamiento?

Responde a estas cuatro preguntas y luego inviertes tus respuestas.

"Cuanto más claramente te comprendes a ti mismo y comprendes tus emociones, más te conviertes en un amante de lo que es".

Baruch Spinoza.

4.

Biología de la Creencia.

(The Biology of Belief. Unleashing the Power of Consciousness, Matter and Miracles).

By Bruce Lipton.

5.

Plant-Animal Communication (Oxford Biology),

by H. Martin Schaefer (Author), Graeme D. Ruxton (Author).

Molecular Biology of the Cell,

Alberts B, Johnson A, Lewis J, et al.

New York: Garland Sciences.

Virginia Tech College of Agriculture and Life Sciences.

6.

Molecules of Emotion: The Science Behind Mind-Body Medicine, by Candace B. Perth and Deepak Chopra (Dec. 11, 2012).

Candace B. Pert, Ph.D., es Profesora Investigadora del Dept, de Fisiología y Biofísica del Centro Médico de Georgetown en Washington, D.C. y lleva a cabo investigaciones sobre SIDA.

www.ingramcontent.com/pod-product-compliance
Lightning Source LLC
Chambersburg PA
CBHW051958090426
42741CB00008B/1441